DIDIER DINART

SECRETS D'UN CHAMPION : DÉFENDRE SON RÊVE

Entretiens avec Antoine Bréard et Nicolas Chardon

Ouvrage dirigé par Clément Ronin

38, rue La Condamine - 75017 Paris
www.hugoetcie.fr

ISBN : 9782755611144
Dépôt légal : septembre 2012
Imprimé en France (Darantiere, Dijon-Quetigny)
N° d'impression : 12-0941

DIDIER DINART

SECRETS D'UN CHAMPION : DÉFENDRE SON RÊVE

Entretiens avec Antoine Bréard et Nicolas Chardon

Hugo Sport

L'ENFANCE D'UN FUTUR CHEF

Didier, quels sont tes premiers souvenirs de handball ? Comment es-tu venu à ce sport qui, aujourd'hui, a fait ta renommée ?

C'est quelque chose qui remonte à loin, mais je m'en souviens parfaitement. C'était en primaire, alors que j'étais en CM1 à Pointe-à-Pitre. À l'époque, en Guadeloupe, les CM2 pratiquaient le hand alors que nous, dans la classe inférieure, on avait d'autres pratiques sportives au programme. Mon grand frère était, lui, en CM2 et avait l'air de bien s'éclater avec cette petite balle. Du coup, ça m'attirait vraiment. Et un jour, comme j'étais déjà assez costaud physiquement, on m'a proposé de venir jouer avec eux, juste pour voir. Et c'est comme ça que tout a commencé. Mais j'étais vraiment très mauvais comme joueur. C'est drôle parce que je n'ai pas forcément de très bons souvenirs au final de ces premiers contacts car j'étais juste grand et plutôt maladroit. Je n'attrapais pas un ballon ! L'année suivante, comme c'était au programme et que j'avais pris un peu d'avance, ça allait mieux, puis j'ai suivi le cursus habituel. La 6e, la 5e, un peu d'UNSS et puis ma première licence en club vers 12 ans. Au GUC, le Guadeloupe Université Club.

Les premiers contacts n'ont pas été simples, mais tu as tout de même persévéré alors que tu aurais pu faire d'autres sports

En fait, il faut savoir que le hand est quand même une des activités phares en Guadeloupe et qu'hormis ça et peut être le football et le basket comme sports collectifs, il n'y avait pas grand chose d'autre d'accessible pour ma famille, que ce soit économiquement et même pratiquement : on n'avait pas trop de moyens et, en plus, notre village était plutôt enclavé. Et comme j'étais mauvais au foot, incapable de quoi que ce soit et qu'au basket, les choses étaient un peu plus structurées, qu'il fallait payer des licences, le matériel et que c'était assez loin de chez moi, je me suis consacré au hand. Il fallait être grand et physique, c'était fait pour moi et j'ai donc continué. À l'époque, je voulais d'abord m'amuser comme un enfant de mon âge, mais j'étais déjà perfectionniste et je voulais surtout m'améliorer entraînement après entraînement.

Via le handball, tu fais tes premières rencontres marquantes, notamment celle de Sédrick Ignol, qui jouait jusqu'à la saison dernière à Bordeaux et qui fut d'abord un adversaire avant de devenir un ami. Vous n'allez plus vous quitter pendant un long moment. Une première belle rencontre ?
C'est vrai et c'est drôle comme le sport peut rapprocher et faire évoluer. Avec Sédrick, on a en effet commencé par être adversaires parce qu'on jouait tous les deux dans des équipes UNSS différentes à Pointe-à-Pitre. Lui venait du basket, il avait un super jump et un bon tir. Déjà, chez les jeunes, c'était une petite star en Guadeloupe. Il était casse-pieds, assez en avance aussi physiquement. Donc, on était un peu adversaires sur le terrain et puis on s'est retrouvé ensuite dans ce fameux club du GUC où on a commencé à jouer ensemble. À faire nos classes. Jusqu'au pôle espoir de Dijon et sous les couleurs du Dijon Bourgogne Handball !

Des classes qui ont commencé par un travail physique intense. Tu a commencé les exercices « d'endurance » assez tôt du coup, non ?
Pour aller à l'entraînement du GUC qui se situait à Fouiolle, je faisais 3 fois par semaine le trajet, depuis le Raizet où j'habitais, à pied. Il y avait 45 minutes aller et autant au retour. Et j'avais un rendez-vous à mi-chemin avec Sédrick sur le trajet. Il fallait vraiment être motivés, mais le hand était déjà notre passion. On en a usé des paires de baskets.

Surtout que les installations ne sont pas toujours celles que l'on peut imaginer. Parfois, il fallait s'entraîner sur du bitume, en extérieur
Et sans filet dans les buts ! Alors, tu faisais gaffe à bien tirer. Et là, impossible pour les ailiers de finir en glissant sur le ventre. Mais la volonté de jouer prenait toujours le dessus. À l'UNSS ou au club, tous les gamins qui étaient là n'avait qu'une envie : jouer en métropole, puis pour l'équipe de France !

Cette équipe de France est d'ailleurs venue en 1992 pour faire un tournoi face à Cuba à Pointe-à-Pitre en préparation des JO de Barcelone. Ce fut un premier choc pour toi ?
C'était l'événement ! Une ambiance de folie. Ce qui m'avait d'abord marqué, c'est drôle et ça n'a rien à voir avec les Bleus, c'était Rolando Urios, le pivot cubain, devenu ensuite espagnol, avec qui j'ai ensuite joué à Ciudad Real. Il portait une énorme moustache et faisait carrément peur. Je l'ai beaucoup chambré après à cause de ça. Plus sérieusement, quand tu vois, jeune, ce genre

de match, jamais tu ne te dis que tu joueras un jour pour les Bleus. C'est impossible. À ce moment-là, ces joueurs sont proches physiquement puisque tu es à quelques mètres d'eux, mais aussi tellement loin. C'est un rêve de gamin de pouvoir juste les voir, même si je n'ai pas eu de rapport spécial avec eux à ce moment-là.

Ce match a réellement marqué ton parcours ?
Oui, vraiment. Je me souviens de ce match et de toute l'excitation qu'il y avait. Et finalement pas d'une action ou d'un geste précis, sauf de la vitesse de certains tirs et de m'être dit à l'époque : « je veux balancer des sacoches comme ça moi aussi ». C'est fou de penser ça, mais c'est aussi ton rêve de pouvoir faire de ce sport ton activité, alors tu t'accroches et tu gardes ce genre d'événement dans ta tête pour continuer à avancer. Rétrospectivement, tu peux te dire que ça n'a peut-être pas été si difficile que ça. Mais il en a quand même fallu des étapes et c'est surtout plus simple de revenir là-dessus une fois que la carrière de joueur est quasiment terminée. Car combien ont eu le même genre de rêve, mais n'y sont pas arrivés ?

L'étendard, le héros, l'exemple, c'était déjà Jackson Richardson à l'époque. Notamment pour toi ?
Jack, c'était la magie ! À l'époque, et même après, au Mondial 1993, on ne parlait que de lui. « T'as vu la roucoulette de Jack ? » Et Jack par-ci, et Jack par-là. On voulait tous faire comme lui. En Guadeloupe, il y avait même une légende qui circulait disant qu'il avait déjà réussi à trouer un filet grâce à un de ses tirs impressionnants. Quand Jack s'est fait ses dreadlocks puis s'est teint les cheveux, j'ai un pote qui a fait la même chose. C'était assez dingue. Et il

faisait rêver tout le monde. Mais il n'a pas forcément été un exemple pour moi car je ne voulais pas être lui. Lui, tu peux essayer de l'imiter, tu ne pourras jamais y arriver. Et tu sais au fond de toi qu'il est unique ce gars. Surtout avec mon physique ! Mon objectif était d'être aussi « magique » que lui, mais avec mon propre style.

Ce Réunionnais incroyable en équipe de France, ça a été tout de même une référence identitaire dans ce sport qui, même en métropole, ne voyait que par lui ?
Dans un sens, oui car, en plus d'être noir, il était bon et faisait des gestes que personne d'autre ne réussissait. Aller gratter les ballons comme il en était capable, mettre les buts qu'il mettait, c'était vraiment génial. Ça donnait envie. C'était un sportif accompli et quelqu'un de bien.

On parlait de Sédrick Ignol qui a été une de tes premières rencontres importantes en Guadeloupe. Mais il y a aussi Eddy Couriol, le premier Guadeloupéen à avoir fait une grosse carrière en métropole. Quel rôle a-t-il joué pour toi ?
Il a évidemment une place très importante. C'était et c'est une légende en Guadeloupe, car il a été le premier à avoir un tel parcours. Partir de l'île, jouer avec le grand USM Gagny des années 80 avec les Nouet, Germain, Médard, etc., c'était quelque chose d'unique. Il a aussi fréquenté l'équipe de France à de très nombreuses reprises. Ça a été un précurseur très respecté. Après sa carrière, il s'est tourné vers la détection. Lui et mon entraîneur de l'époque, Thierry Orfèvres, ont vraiment cru en moi à ce moment. Vers 14/15 ans, j'étais devenu le meilleur

buteur de ma catégorie *(à l'époque, Didier joue arrière gauche, nda)*, j'avais déjà un physique qui me permettait d'être surclassé et ils savaient qu'il y avait peut-être quelque chose à faire avec moi. Mais si Thierry avait plus envie que je reste pour continuer à développer mes capacités, très vite, Eddy m'a poussé à partir. À tenter une éventuelle aventure professionnelle. Il voyait en moi l'avenir et a tout fait pour que je puisse tenter ma chance en rejoignant la métropole.

Tu as toujours voulu devenir professionnel ?

Lorsque j'avais 14/15 ans, je travaillais dans une pâtisserie pour gagner un peu d'argent. Un jour, deux voleurs sont entrés. Tous les autres sont sortis en courant et moi, je suis resté là en face d'eux. Comment voulez-vous passer entre deux gaillards armés dans un couloir ? Ce serait aller provoquer le malheur que de forcer le passage alors qu'en essayant de discuter, de négocier, il y avait moyen de s'en sortir et j'ai réussi. Je me suis rendu compte après cela que dans la vie, malgré les difficultés, l'adversité, je pouvais réussir si je trouvais les bons moyens. J'ai alors appliqué la méthode au handball. D'abord, j'ai très vite compris que si je restais sur mon île, ce serait compliqué. Pour un joueur de hand guadeloupéen, il faut absolument partir en métropole pour pouvoir réussir. Tu te bats, tu te vends par tous les moyens pour ça. Et comme je suis quelqu'un de très têtu, j'ai fait ce qu'il fallait pour pouvoir partir. En me donnant à fond dans ce que je savais faire le mieux. Je voulais être le meilleur. Indispensable.

Au prix de sacrifices scolaires ?

Non, en tout cas, pas au début. Jusqu'à mon départ en métropole, j'ai eu mon tableau d'honneur. J'essayais d'être appliqué. Après, la suite démontrera qu'il est quand même très difficile de réussir à mener tout de front. En tout cas pour moi, mais se former est tout de même nécessaire. Il faut le garder dans un coin de sa tête, au cas où. Même si pour moi, il n'y avait pas d'alternative possible.

Ça vient d'où cette volonté d'être le meilleur, de vouloir s'imposer à n'importe quel prix ?
J'ai toujours eu ça en moi. Ça vient forcément de l'enfance et comme je n'ai pas eu une jeunesse très facile, tout cela est lié. Je n'ai pas vraiment eu de père. Ma mère et lui ont divorcé très tôt, je devais avoir quelque chose comme 3 ans et, comme il n'a jamais vraiment utilisé son droit de visite, j'ai surtout grandi avec mon grand frère et ma mère. Il a donc fallu très vite se débrouiller seul. Pour pas mal de choses. Notamment quand nous habitions à Vieux Habitants à Basse-Terre qui est un coin très reculé, à la campagne.
Parfois, à l'insu de ma mère, parce qu'on aimait ça et pour l'aider un peu, on allait à la pêche pour rapporter du poisson. On se levait très tôt le matin, vers 5 heures. On ouvrait la fenêtre en douce, ça prenait presque une demi-heure pour ne pas que ça grince et que l'on réussisse à sortir. Et dès que le soleil se levait, on partait alors qu'elle dormait encore. On descendait le long d'une falaise assez dangereuse près de chez nous par un chemin qu'on avait trouvé et on allait faire notre petite pêche. Je devais avoir 8/9 ans et mon frère 18 mois de plus. C'était l'aventure. Mais quand on rentrait, on avait droit à une bonne raclée. Ma mère nous punissait à chaque fois, mais en fonction de la qualité de la pêche, la sanction pouvait être moins dure. Elle avait toujours le même rituel. Elle vidait nos

nasses, commençait à trier les poissons, puis les préparait. Puis, elle nous regardait et, si on avait ramené pas mal de poissons, on rigolait car on savait que ça ne durerait pas.

Malgré cela, on le sait, tu as une relation très forte avec ta maman...

Elle s'est toujours battue pour nous et dans des conditions pas faciles. Quand mon père est parti, nous avons continué à vivre à Vieux Habitants jusqu'à mes 10 ans et on était presque obligé de rester dans notre cocon car nos voisins immédiats étaient des amis de mon père. On n'avait pas beaucoup de visites, à part de la famille de temps en temps. Elle travaillait comme auxiliaire dans les écoles, donc elle avait de grosses journées après lesquelles il fallait aussi s'occuper de nous. Malgré tout, elle a toujours fait son maximum. Et on n'a jamais manqué de rien, d'autant que mes grands-parents, qui nous ont beaucoup aidés, étaient dans l'exploitation de bananes. Il y avait donc toujours de quoi manger à la maison !

À partir de tes 15/16 ans, tu commences vraiment à attirer la lumière sur toi. Notamment pour ta présence physique. Et tu atterriras finalement au pôle espoir de Dijon en 1993. Comment t'es-tu retrouvé là-bas ?

Ça a commencé par un stage à Dijon, justement, en juin 1993. Les meilleurs joueurs de la catégorie cadets de l'époque étaient regroupés là pour faire des tests de tous types. Tous les responsables des pôles régionaux devaient être présents, mais ceux qui étaient le plus pressants, c'étaient ceux de Dijon, dont Alain Quintallet, l'actuel préparateur physique de l'équipe de France. On a beaucoup discuté ensemble et mon profil lui plaisait vraiment. C'est le genre de personne qui aime les athlètes bien bâtis. Avec du volume. Et ils m'ont donc fait passer des entretiens pour connaître mes ambitions, savoir ce que j'avais vraiment dans le ventre. Car quitter la Guadeloupe pour venir en métropole n'est pas forcément simple. Le mal du pays n'est pas une illusion. On discute donc. Dans ma tête, il faut que ça marche.

À ce moment, tu doutes ?

Pas vraiment, mais je veux vraiment être pris. Alors, je sers quand même un discours plutôt lissé. Je dis que mon ambition est de rejoindre la métropole pour progresser, atteindre le meilleur niveau possible, gravir les échelons progressivement et puis peut-être un jour passer pro. J'y suis allé mollo alors que je n'avais qu'une envie, c'était de tout casser tout de suite. De montrer que j'avais le niveau. Mais je marche sur des œufs. Et eux me bousculent un peu pour voir ce que je vaux et me disent : « tu ne te sens pas prêt ? » Je dis que si, mais que je veux progresser, ne pas brûler les étapes. Je crois qu'ils ont bien aimé mon numéro d'Actors Studio. Mon ami Sédrick Ignol a lui aussi été pris.

Et ça marche pour vous deux. Mais avant de quitter la Guadeloupe pour la Côte d'Or, il faut convaincre ta mère. Pas le plus simple ?

Elle n'avait pas le choix. Je lui ai tellement mis la pression en lui disant que, si je ne partais pas, elle le regretterait toute sa vie qu'elle ne pouvait pas faire autrement que d'accepter. Elle ne pouvait pas stopper mon rêve. Le jour du départ, elle n'a pas pleuré devant moi, elle m'a souhaité bonne chance, mais une fois le portique passé, elle m'a avoué qu'elle avait pleuré comme jamais. J'avais 16 ans, c'était difficile pour elle de me laisser partir, mais elle savait aussi que si elle craquait devant moi, ça serait d'autant plus difficile.

Arrivé à Dijon, les choses sérieuses commencent. Et tu te rends compte qu'il va y avoir du chemin pour être au niveau sportivement. Le mur infranchissable de l'équipe de France a donc déjà été à la ramasse ?

Et pas qu'un peu. En fait, il y avait un sacré fossé entre nous qui arrivions de la Guadeloupe avec nos 3 entraînements par semaine où on déconnait pas mal et les gars qui étaient déjà dans le système et qui, quotidiennement, allaient au charbon. On était à la rue tout simplement. Sur les premiers tests physiques avec Sédrick, alors que lui était plutôt réputé pour sa condition, on a dû finir dans les 3 derniers. Le parcours que Quintallet nous faisait faire était vraiment rude et je me souviens qu'il y avait un passage où tu pouvais te cacher un peu. À chaque fois, je ralentissais à ce moment-là et je gambergeais. Quand je repassais devant le coach, il me demandait comment ça allait et je disais que je m'accrochais, mais j'étais vraiment pas loin de craquer.

Ce blues mettra un peu de temps à se dissiper puisque, dès le premier week-end sur place, tu te poses pas mal de questions

Franchement, tu arrives de la Guadeloupe et tu atterris à Dijon, il y a quand même un sacré choc géographique, culturel. Avec Sédrick, on était logé au CREPS à Quetigny, dans la banlieue de Dijon. Du coup, le week-end, on

restait seuls là-bas. Même chose pour les vacances car tu ne vas pas retourner sur l'île à chaque fois. Tu tournes vite en rond et puis il te manque tout de suite quelque chose, tes habitudes d'avant. C'est tout con, mais il faut que tu fasses tout toi-même. Les autres mecs qui étaient du coin ou pas loin, eux, se filaient les fringues pour la lessive, etc. Nous, on devait se démerder. Alors, on allait chercher notre « Génie » sans frotter et on faisait nos trucs dans notre coin. En petit couple !
Et puis, sportivement, tu passes à un autre niveau. Ça fait beaucoup de paramètres à intégrer pour un jeune. Même si tu es avec quelqu'un que tu connais. J'ai cette image en tête où, avec Sédrick, on est allé le premier week-end manger un Macdo ou un truc comme ça juste à côté du CREPS. Il y avait une longue allée et, à un moment, je lui ai dit : « je vais aller me promener ». J'avais besoin d'être seul. Et là, j'ai fondu en larmes.

À ce point-là ?
Oui. Ça m'est arrivé quelques fois, mais jamais en public. Il fallait garder une bonne image et ne pas trop fendre l'armure, car quand on te prend pour ton côté physique, tu n'as pas franchement l'envie de craquer devant les autres. Les gens spéculent beaucoup sur les parcours des sportifs en général quand ces derniers sont au plus haut de leur carrière, mais ces sacrifices, ces moments de solitude sont légions et rarement faciles à vivre. Et j'en ai vu des gars, qui semblaient costauds et qui avaient du talent, craquer psychologiquement. Et pas forcément des gens qui venaient d'aussi loin que nous. Un handballeur qui venait de Paris a tenu une journée. Le lendemain, sa mère venait le chercher.

Tu n'as jamais eu envie de partir de Dijon ?
Sérieusement, non. J'ai eu des moments difficiles, mais ce n'était pas une option envisageable. Je ne pouvais pas échouer et repartir en Guadeloupe. J'étais déjà en mission et je voulais y arriver.

C'est là où Alain Quintallet a pris une dimension encore supérieure dans ta vie. Il s'est même mis à t'accueillir chez lui.
Au début, je faisais de temps en temps des allers-retours chez une de mes tantes qui vivait à Paris, mais le climat s'est un peu dégradé car elle ne voulait plus que je vienne chez elle. Elle pensait que ce n'était pas son rôle et que c'était à la Fédération de me prendre en charge. Du coup, « Quinquin », dès qu'il le pouvait, nous faisait venir chez lui à Montbard. Il est devenu un père de substitution et c'est quelqu'un à qui je dois beaucoup. C'est grâce à lui que je suis venu en métropole. Il s'est aussi démené pour que je puisse avoir toutes les aides financières nécessaires, car c'était un sacré budget pour ma mère que de me faire partir à Dijon. Et tout cela de manière désintéressée. Quand tu n'as pas eu de père et que quelqu'un comme lui te montre une telle attention, il y a forcément un lien particulier qui se tisse.

Tu iras même loin avec lui en défiant son autorité devant les autres. Tu aimais bien lui piquer son vélo, paraît-il ?
« Quinquin », je ne sais pas pourquoi, mais il n'y a qu'avec moi qu'il était aussi cool. Il mettait des soufflantes à tout le monde, mais pas à moi. Notamment cette fois où j'ai débarqué dans le gymnase avec son vélo pour faire le con.

Pourtant, j'avais bien sali le terrain et, de surcroît, piquer son vélo. Un peu finalement comme un père qui pardonne à son fils.

Outre le fait qu'il te passe certaines bêtises et qu'en plus il gère pas mal d'aspects matériels, il a surtout été un formidable moteur dans ta construction sportive. Comment ?

Alain aime les athlètes puissants. Et dès les premières semaines, ça a accroché entre nous. Notamment après certains tests physiques et plus particulièrement un qui consistait à lancer le plus loin possible un *medicin ball*. Le record de l'époque en équipe de France A devait être de 22,5 mètres et moi, j'arrive, adolescent de 16 ans, complètement animal, et je balance le truc à 22 mètres. Il est resté scotché. Après, il y avait quand même un sacré travail à faire car j'étais vraiment pataud, mal dégrossi en comparaison des autres mecs qu'il y avait autour de moi. Franchement, les gars avaient une sacrée coordination, un vrai sens du jeu, ils étaient déjà quasi pros. Moi, j'étais stéréotypé, alors que j'étais le meilleur marqueur de la Guadeloupe, que j'étais une petite star là-bas C'était vraiment dur à encaisser. Tu te dis « mais qui je suis moi ? Je ne suis personne, qu'est-ce que je viens foutre ici ? » Mais sa phrase à « Quinquin », c'était un truc du genre : « Ne te prends pas la tête Didier, l'important pour toi, ce n'est pas d'être bon maintenant, c'est d'être bon dans 5, 10, 15 ans. » J'étais brut de béton et il voulait faire quelque chose de moi, me trouver une place.

Il n'a pas eu tort...

Mais qu'est-ce que ça a été difficile ! Moi, j'avais envie d'être le meilleur tout de suite, mais il fallait que j'apprenne. Que je me tempère. Au bout de 6/7 mois, je me retrouve en stage avec l'équipe de France jeune et je ressentais déjà une douleur dans le bas du ventre. Mais là, elle devient si intense que je ne peux plus jouer. On me fait une batterie d'examens et la sentence tombe. Verdict ? Pubalgie. Un truc inconnu pour moi. Et ça a duré vraiment longtemps. De 3 mois d'arrêt, je suis passé à 9 mois sans pouvoir courir, jouer. Un truc de dingue.

Tu n'avais jamais vraiment été blessé avant ?

Non. Pour moi, être blessé, c'était rentrer chez soi, mettre un peu de glace et, le lendemain, tu revenais pour t'entraîner. Là, j'avais vraiment l'impression que la douleur ne partirait jamais. Les entraîneurs, eux, tentaient de me rassurer. « Didier, c'est pour ton bien, il faut que tu te calmes, ce n'est pas grave. » Mais, comme j'étais vraiment dans cette optique de réussir, je ne voulais pas m'arrêter. Pour moi, le monde s'écroulait, vraiment. Tu te sens tellement fort, invincible, que tu te dis que ça peut arriver aux autres, mais pas à toi. Par la suite, j'ai appris à composer avec ce genre d'impondérables en serrant les dents, souvent.

Au Sport-Études de Dijon, il y avait donc le hand, mais aussi les cours. Mais ça n'était pas toujours facile de rester concentré sur le tableau noir. Incompatible d'être handballeur et d'avoir un cursus de haut niveau ?

Je ne sais pas pour les autres, mais pour moi c'était difficile. Tu passes à 7 ou 8 entraînements par semaine, plus les cours et, le soir, tu dois potasser. Moi, j'étais K.-O. au bout de 30 minutes dans ma chambre. J'avais mal partout. Du coup, j'ai dû choisir et j'ai sacrifié ma seconde. En parallèle de ça, « Quinquin » faisait son possible auprès du directeur pour qu'il me garde en racontant les pires mensonges du genre : « mais vous savez, les îles, le rythme, c'est différent et avec la charge de travail, il s'accroche, il fait des efforts, il faut le garder. » Il a tout envoyé. Du coup, j'ai été réorienté vers un BEP compta. Moi, ça ne me déplaisait pas. Au début, ça a marché, mais j'avais dans le viseur le Bataillon de Joinville qui arrivait en fin d'année et, du coup, comme je devais rejoindre l'armée, je me disais que ça ne servait à rien. Et j'ai lâché.

Du coup, tu t'es quand même fait quelques bons souvenirs pendant les intercours...
Ça déconnait pas mal, mais j'essayais de ne pas trop me faire remarquer. Par exemple, quand on est arrivé, il y avait des petits bizutages. Le chef des troupes, c'était Sébastien Quintallet, le fils d'Alain. Avec Sédrick, on n'était pas très chauds pour ce genre de trucs. Comme Sédrick était vraiment taciturne, les gars ont décidé de le laisser tranquille. Et comme moi j'étais costaud et que son père m'avait à la bonne, Seb s'est dit que ça pourrait être mieux de m'avoir de son côté. Il m'a demandé ce que je savais faire d'un peu exotique. Je lui ai répondu que je savais faire le grand écart. À l'époque, j'étais vraiment souple. Du coup, il me met face à un autre type et il annonce : « on va vous demander de faire le grand écart et celui qui y arrivera nous aidera à bizuter l'autre ». Et je n'ai pas été l'autre !

Tu n'as jamais arrêté de bizuter les petits nouveaux, en fait, puisqu'en équipe de France, c'est toi le roi de la tondeuse à cheveux...
Oui, c'est vrai. On a toujours ce petit rite entre nous avec l'arrivée de la relève.

Autre moment important de ta formation, le Bataillon de Joinville, célèbre pour ses équipes de hand. Tu y fais la connaissance approfondie de Sylvain Nouet, actuel entraîneur adjoint de l'équipe de France aux côtés de Claude Onesta, mais aussi de Guillaume Gille. Vous étiez déjà amis ?
Amis, je ne dirais pas ça car on était encore jeune, mais au Bataillon, l'ambiance était vraiment très bonne. Nous avions 18 ans, nous étions tous copains. C'était assez décontracté, ça déconnait pas mal là aussi. Même si les conditions étaient vraiment difficiles. L'hiver, tu t'entraînais avec des températures négatives parce qu'il n'y avait pas beaucoup de chauffage, les ballons étaient des pierres et tu ne pouvais pas utiliser de colle parce que ça marquait le sol. Ça forme techniquement et physiquement parce que tu dérouilles au niveau des adducteurs, des chevilles. L'avantage du Bataillon, c'est que tu pouvais continuer à maintenir un bon niveau de handball sans « perdre » un an à faire ton service comme n'importe qui. Tu arrivais le lundi en début d'après-midi et tu repartais le jeudi matin. Tu enchaînais ensuite avec ton retour en club, tu faisais tes entraînements et ton match du week-end. C'était quand même une belle chance.

Tu obtiendras même au terme de ton service une de tes premières médailles nationales…

Une bien fameuse médaille, effectivement, puisqu'il s'agit de la médaille de bronze de la défense nationale. Tout le monde se foutait de moi puisqu'il se disait que c'était la médaille des lèche-bottes de l'adjudant-chef. Mais, en fait, tu étais jugé sur le comportement général de l'année et sur les exercices militaires comme le tir à 200 mètres. J'avais claqué un énorme 10/10 ! J'étais plutôt fier de moi au final.

MONTPELLIER,
LE DÉCLIC

Progressivement, tu fais tes classes à Dijon de 1993 à 1996, tu apprends le haut niveau, tu fréquentes l'équipe de France juniors et, en 1996, Patrice Canayer, entraîneur de Montpellier, te contacte pour te recruter. Tu y crois ?
C'était assez fort. Mais les choses se mettaient progressivement en place. J'étais en contact avec Billère, mais le club de Montpellier était aussi intéressé. Là, Canayer me dit : « tu vas venir jouer avec nous, mais tu seras le deuxième arrière gauche ». Ailleurs, on me proposait de jouer plus. Mais je dis ok, car c'est la D1 et que le coach des juniors, Sylvain Nouet, qui avait été mon coach au Bataillon de Joinville, me dit que c'est le meilleur choix. Moi qui me rêvais plutôt comme un Denis Lathoud ou un Frédéric Volle à faire jouer les autres, je me retrouve à être futur remplaçant.

En arrivant à Montpellier, c'est une pléiade d'inter nationaux et de joueurs de très haut niveau que tu rejoins. Tu as été impressionné lors de tes premiers entraînements ?
Quand tu arrives, tu te demandes surtout si tu vas être au niveau. À chaque fois qu'un mec faisait un geste technique, même s'il n'y avait rien d'extraordinaire non plus, je trouvais ça un peu magique. Forcément, tu es un petit joueur qui arrive d'un petit club et, deux saisons auparavant, les mecs avec qui tu joues ont été champions de France. Ça intimide, mais tu essayes de faire du mieux possible. Tu croises des gars comme les frères Anquetil, Patrick Cazal, etc., qui sont alors des joueurs internationaux reconnus.

Notamment dès tes premiers pas en préparation où tu fais connaissance avec la méthode de Patrice Canaye...

Patrice est et était un entraîneur très exigeant. Dès les premiers jours de reprise, tu sais que ça va être compliqué. Il t'envoyait des séances d'endurance vraiment terribles. À base de 7x1 000 mètres, puis 8x800 mètres, puis 8x600 mètres, etc. Tu n'avais pas l'impression que tu étais là pour faire du handball, mais plutôt de l'athlétisme. C'était un truc de dingue. À la fin de chaque saison, à Montpellier, tout le monde angoissait de partir en vacances car tu savais qu'au retour tu allais morfler.

Quand tu es arrivé à Montpellier, ton premier vrai pote, ça a été Daouda Karaboué ?

Avec lui, ça a marché direct. Moi, j'étais assez réservé et on a fait connaissance rapidement, le premier jour d'entraî nement et, tout de suite, il m'a dit : « je vais te faire connaître la ville, te donner les bonnes adresses ». On s'est vite bien entendu.

Et depuis 2008, vous partagez même votre chambre en équipe de France...

Les amitiés durent. On se connaît par cœur avec « Doudou ». On a vécu tellement de choses ensemble jusqu'à nos médailles aujourd'hui, notamment des soirées où on rentrait à 9 h du mat' pour un entraînement à 10 h. C'est un vrai ami sur qui je peux vraiment compter quand j'ai des difficultés, que je me pose des questions ou quoi que ce soit. Et c'est réciproque. Il a un rôle très important dans ma vie et c'est aussi quelqu'un que j'admire car il est non seulement sportif de haut niveau, mais il prend aussi beaucoup de temps pour les autres. Il a monté une association, DK Cœur Afrique, qui vise à promouvoir le handball en Côte d'Ivoire et il s'implique de très belle manière dans ce projet. Je l'ai accompagné une fois sur place pour donner un petit coup de main et j'ai été très étonné de tout le travail déjà effectué. C'est impressionnant. On peut dire qu'il met un sacré cœur à l'ouvrage car chaque année, il récupère de plus en plus de fonds, de matériel pour les jeunes qu'il parraine. Quand on se retrouve en équipe de France, c'est toujours un plaisir. On a des attitudes comme si on ne s'était pas vus depuis 10 ans.

Vous parlez beaucoup tous les deux ?

On se parle toujours avant et après les matchs. Moi, j'ai des habitudes avant les matchs et s'il voit que je ne suis pas dans ma petite mécanique dans la chambre, il me remet dans le droit chemin. Par exemple, si je suis trop silencieux, que je ne dis pas que je vais entrer sur le terrain pour tout casser, il me demande si je ne suis pas motivé. Et après, ça me remonte.

Chacun soutient l'autre quand il en a besoin. Notamment si l'autre joue moins...

Daouda n'a pas toujours la chance de jouer derrière Thierry Omeyer, qui est un ogre, mais à chaque fois qu'il rentre, il fait de bonnes prestations en général. C'est un top gardien. Et loin d'être une roue de secours car on sait que l'on peut compter sur lui en équipe de France. C'est sûr qu'il voudrait jouer plus, mais quand tu as Thierry devant, il faut faire avec. Et en plus, il forme une très bonne paire avec « Titi », ils s'entendent bien, ils parlent beaucoup ensemble.

Ton premier match en D1, tu t'en souviens ? C'était face à qui ?

C'était contre Villeneuve d'Ascq, en septembre 1996. Impossible d'oublier ça ! Patrice m'a demandé d'aller m'échauffer et là, mon cœur est monté à 220. Je me suis mis une pression terrible. Il fallait que j'assure car, sur ce match, il fallait particulièrement surveiller 2 frangins, les Néguédé, qui étaient particulièrement tranchants. Je suis rentré à partir de la 14e minute et en défense, je jouais en 2 à gauche. Et j'ai d'abord souvent été cantonné à ce poste, là où tu t'attèles aux basses tâches. Du genre, fracasser les attaquants adverses en distribuant un peu et en faisant bouger la viande. J'étais un vrai boucher, mais je ne prenais pas d'énormes exclusions car j'ai vite mis au point quelques tactiques pour que ça soit discret. En fonction de comment étaient placés les arbitres, etc. Ah, j'en ai mis quelques coups de coude dans le ventre ou des coups de genoux assassins à mes adversaires. J'étais jeune.

La défense était clairement ton point fort et, rapidement, Patrice Canayer veut te stabiliser sur ce poste en t'utilisant moins en arrière gauche ou en pivot où tu feras quelques tentatives. Un bon choix au final ?

Quand tu regardes rétrospectivement ma carrière, oui. C'est certain. Après, chacun a eu ce qu'il voulait de l'autre ! Lui voulait utiliser mes capacités et moi je voulais gagner ma place. Il m'a fait confiance et m'a donné ma chance et je lui dois beaucoup de respect pour ça. Il a su me faire évoluer et démarrer au plus haut niveau.

Du haut de tes 19 ans, et malgré un statut de nouveau, ton ambition restait pourtant intacte ?
En poste 3, patron de la défense, devant moi, il y avait l'Islandais Geir Svensonn, l'un des meilleurs pivots du monde à l'époque, qui gérait l'ensemble. Il était vraiment pas mal, mais assez vite, mon objectif a été de lui bouffer sa place car, comme j'étais moins bon en attaque, il fallait que je brille quelque part pour faire mon trou et me faire remarquer. Et c'est venu petit à petit. Jusqu'à ce que ce joueur quitte le club et que je m'impose à ce poste.

Ta réputation va vite faire le tour de l'élite. Avec même certains joueurs qui craignent d'attaquer sur toi...
C'est arrivé assez vite alors que j'avais à peine 19 ans. J'en ai pris conscience un soir en boîte de nuit où un joueur est venu me voir en me disant que je faisais vraiment peur à nos adversaires. Du coup, j'ai dansé toute la nuit ! Mais c'est vrai qu'en match, Patrice Canayer, quand il y avait un joueur important à neutraliser, n'hésitait pas à me mettre devant. Et moi, j'étais comme un dingue. J'adorais cette confrontation physique avec les grands joueurs, encore plus quand j'arrivais à les stopper.

C'est donc à Montpellier que ta carrière pro va vraiment démarrer. Même si gagner sa vie en jouant au hand n'est pas vraiment gagner sa vie. Pour un débutant, il y avait à peine 3 zéros et on parlait encore en francs. Tu te souviens de tes premiers salaires ?
À la fin, quand j'étais à Dijon, je devais gagner quelque chose comme 2 250 francs auxquels venaient s'ajouter

mon solde du Bataillon de Joinville, qui tournait autour de 620 francs, et l'appartement payé par le club. Bref, pas grand chose. Comme Montpellier voulait que je vienne, j'ai fait monter un peu les enchères avec Dijon et j'ai demandé 5 000 francs à mes dirigeants. Là, ça a grincé des dents. « Mais tu te rends compte Didier, untel touche tant alors qu'il est là depuis plus longtemps, qu'il joue en équipe de France A'. Toi, tu n'y penses pas, t'es encore très jeune, c'est impossible pour nous. » Pendant ce temps, Canayer me faisait comprendre qu'il me voulait vraiment. Comme il fallait que je gagne un peu ma croûte, j'ai tenté un coup et j'ai dit au coach que je prenais 6 000 et pas 2 250 en Bourgogne. Là dessus, ils m'ont dit : « on va partir sur 7 000 la première saison et 8 000 la seconde avec un appart ». J'ai dit ok. Et je me suis dit que j'aurais dû bluffer plus, tellement ça n'avait pas posé de souci.

Tu n'avais pas d'agent à l'époque ?

Non. Pour de telles sommes, ce n'était franchement pas nécessaire. Moi, à l'époque, j'étais content de moi. À 19 ans, j'avais mon petit salaire, mon appart et je m'étais débrouillé tout seul. Je gagnais l'équivalent du salaire d'une star de D2 que je venais de quitter.

Néanmoins, quand je suis parti de Dijon, le club m'a fait un procès parce que j'étais censé être toujours en contrat avec lui. Le truc, c'est que j'avais une clause qui me permettait de partir si c'était pour un club de catégorie supérieure, ce qui était le cas puisque Montpellier jouait en D1 alors que Dijon était en D2.

Tu as toujours traité tes contrats tout seul ?

Tant que je suis resté en France, oui. Je négociais avec le club, on formalisait le contrat et ensuite, je le faisais réviser par quelqu'un pour être sûr que tout était ok. Après, quand je suis parti à l'étranger, j'ai pris un agent, Bakhti Ong, pour éviter de me faire éventuellement avoir car, parfois, les clubs étrangers te proposent des trucs pas toujours très nets. Certains joueurs se voient proposer des sommes en cash qui, au final, ne sont jamais versées. Avec un bon agent, on évite ce genre de choses et ça permet d'être un peu plus tranquille.

Un agent formalise pour toi, mais il fait souvent certaines choses que tu pourrais faire toi-même. Certains préfèrent déléguer, d'autres pas. En revanche, ce qui est bien avec un agent, quand il y a un conflit, c'est lui que tu peux envoyer au clash si besoin. Car y aller soi-même peut parfois être vraiment compliqué. Après, les conflits, tu les as souvent quand tu es jeune car tu te sens beau, fort. Quand tu vieillis, tu as plus de recul.

Côté sportif, Montpellier n'est pas un petit club quand tu y arrives. Il y a des objectifs élevés. Et tu es très exposé. Patrice te demande au fil des matchs beaucoup d'efforts et tu ne craques pas devant cette pression. Comment ?

Là encore, j'ai tout envoyé tout de suite. Je voulais vraiment y arriver et je me donnais les moyens. Je voulais avancer, gagner. Montpellier avait déjà un beau projet, porté par Jean-Paul Lacombe, le président de l'époque. C'est quelqu'un qui a compté pour moi lors de mon arrivée à Montpellier, un passionné de handball avec des idées et de l'ambition. C'est lui qui est à l'origine de tout cela, c'est quelqu'un que je respectais.

Si bien que Daniel Costantini, alors que tu fréquentes déjà l'équipe de France juniors, décide de faire appel à toi pour l'équipe de France A...
C'était en novembre, soit 2 mois après le début de saison et je revois parfaitement Patrice qui arrive dans le vestiaire après l'entraînement, qui me sert la main et qui me dit : « félicitations pour ta première sélection en France A ». Je le regarde et je lui dis d'arrêter de se moquer de moi car je crois qu'il est en train de me faire une blague, que c'est une sorte de bizutage local. Et c'est Andrej Golic qui est à côté de moi qui me résonne et me fait comprendre que ce n'est pas un coup monté. Et là, d'un coup, j'ai 2 000 pensées à la seconde. Je me rappelle m'être dit que c'était vraiment magnifique. Après, je me suis posé, j'ai assimilé le truc et j'ai quitté le club. J'ai filé direct à une cabine téléphonique. Il fallait que je téléphone. J'ai composé le numéro et, au bout du fil, ça a décroché. C'était Alain Quintallet à qui je voulais annoncer la nouvelle en premier. Comme mon départ de Dijon ne s'était pas franchement bien passé, il fallait que je l'appelle car en il pensait que je n'avais pas fait le meilleur choix en allant en Montpellier, il avait peur que je passe trop de temps sur le banc, que je me retrouve à jouer avec l'équipe réserve. Et là, il m'a quand même félicité.

Il a eu du mal ?
Non, je ne crois pas. Mais mon départ avait été dur pour lui. C'est quand même lui qui m'avait couvé pendant 3 ans, qui m'avait fait évoluer. Montpellier lui avait arraché son « fils ». Je crois que je voulais lui signifier qu'il n'avait pas eu tort de miser sur moi.

Vous vous dites quoi précisément ?
D'abord, je lui gueule dessus en lui disant que j'avais raison et lui est vraiment heureux au bout du fil. Il est heureux qu'« on » y soit arrivé. Et après, il me dit d'appeler ma mère fissa.

Ce qui est amusant, c'est que tu étais quand même prêt à rester à Dijon quelques mois plus tôt. Tu n'as pas dû regretter ton choix ?
Il y a parfois des concours de circonstances qui sont assez étonnants. Car sincèrement, si Dijon m'avait donné les 5 000 francs que je demandais, je ne serais pas parti. On aurait pu monter en élite et avoir une équipe pour le milieu de tableau. Mais qui sait la carrière que j'aurais faite ensuite ? Il faut donc que je remercie Dijon de ne pas avoir cédé.

Les premières émotions passées, tu dois quand même gamberger un peu avant de rallier cette équipe déjà mythique ?
Déjà, je sais que je vais rencontrer Daniel Costantini qui n'a pas la réputation d'être d'une extrême douceur avec ses joueurs et il y a toute la mythologie des Bleus. Barcelone 1992, les Barjots, etc.

Ton premier contact avec Daniel, c'était comment ?
Il m'a dit bonjour avec son accent caractéristique. Rien de plus. Tu te dis que ça commence bien. Ensuite, il s'est adressé aux jeunes en expliquant que l'on était là pour observer, apprendre, mais qu'il ne faudrait pas apprendre trop longtemps. En fait, tu avais le temps de ne pas avoir le temps. Il fallait être bon de suite.

Et c'est face à la Croatie que tu vas porter ton premier maillot bleu avec les A...
C'était au mois de décembre, en Croatie. Et je me souviens que, lors d'une de mes premières actions, il y a un vieux Croate qui sortait de je ne sais pas où et qui attaque direct sur moi. Et alors que j'étais un broyeur dans le Championnat de France, lui me passe direct en me faisant une espèce de rond de bras que je n'ai pas réussi à anticiper. J'avais l'impression d'être le perdreau de l'année. J'étais vexé. Après, je pense que c'était plus l'appréhension du haut niveau que le niveau réel qui m'a troublé lors de ce premier match. Car, en fait, les mecs sont les mêmes que certains que tu peux croiser en club, sauf que la pression est différente car tu te dis que tu joues ce qu'il y a de meilleur.

Ce match n'est pas abouti pour toi, tu en retiens quoi sur le moment ?
Honnêtement ? Une très grosse déception, même si sur celui d'après, face aux Tchèques, je pense que je m'en sors un peu mieux. Mais sur la globalité, je suis passé à côté. Du coup, je me suis dit que je ne serais jamais plus sélectionné en équipe de France, que j'avais laissé passer ma chance. Et comme Daniel ne parlait pas beaucoup, c'était vraiment difficile de savoir ce qu'il pensait de toi. À la fin d'un stage, à l'aéroport, alors que tu espérais un petit mot particulier, il était capable de te lâcher, devant les autres, un truc du genre : « la prochaine fois, Didier, on joue en Roumanie, donc faudra bien prendre l'avion pour Bucarest, et pas Budapest… ». Mais tu ne savais pas si c'était pour de bon, s'il te tendait une perche ou pas. Et puis, tu le voyais partir quelques minutes après en te lâchant juste

un « ciao ». Tu te retrouvais complètement décontenancé. Du coup, tu ne savais pas vraiment sur quel pied danser et tu attendais ta prochaine convocation.

Tu as commencé tôt en équipe de France, à 19 ans. Tu avais envie de tout bouffer ?
J'avais envie de tout, tout de suite. J'avais envie d'être sur le terrain, que tout aille vite. Mais les choses ne vont pas comme on veut. Il faut apprendre, se sentir en sécurité et ces choses-là viennent avec le temps. La sérénité vient progressivement, mais elle est aussi souvent remise en cause car tu as toujours de nouveaux joueurs qui arrivent. On te dit untel est vraiment très bon, il a un énorme un-contre-un. Le gars, tu ne l'as jamais joué avant. Donc tu t'inquiètes et tu dois appréhender ce nouvel adversaire.

Daniel Costantini avait des idées très arrêtées sur le jeu, la façon de jouer, de faire vivre son équipe. Mais avec toi, on a eu l'impression que ça se passait vraiment bien. Non ?
Daniel, je me suis toujours bien entendu avec lui, ça se passait bien. Il avait sa façon particulière de communiquer, bien à lui. Parfois, dans la presse, il faisait passer quelques messages pour que tu comprennes ce que tu avais à faire, sans pour autant te casser. À titre personnel, il ne m'a jamais critiqué ouvertement dans un journal. Il me voyait comme un taiseux et il me laissait tranquille car il savait que je travaillais dur. Mais, il n'a pas été comme ça avec tout le monde, loin de là. D'autres, comme Jérôme Fernandez, ont plus souffert. Jéjé, il a souvent pris cher.
Après, chacun a sa vision, mais surtout il ne faut pas oublier d'où vient Daniel et ce qu'il a fait pour le hand français.

C'est quand même lui qui a posé les fondations de ce que l'on vit aujourd'hui. Il a sorti le handball français des tréfonds en faisant monter la France dans l'élite mondiale, en décrochant les premières médailles et le sacre mondial en 1995. Il savait où il voulait mener cette équipe et il a toujours appliqué sa méthode pour faire avancer les choses.

Dans sa méthode, il était parfois jusqu'au-boutiste...

C'est clair. Une fois, à Göteborg pour la World Cup, on joue contre les Suédois et ça ne se passe pas très bien. On prend l'eau de partout, les mecs nous font un récital incroyable et on sait que ça va être très long. Et toi, tu es sur le terrain, tu essayes de te raccrocher à ce que tu peux, alors que Daniel s'assied sur sa chaise, te regarde et ne dit rien. Il ne fait pas de changement, rien. Ça veut dire : démerdez-vous ! Et il nous laisse nous enterrer. Au final, on se prend une rouste de plus de 10 buts. Et derrière, on se prend une soufflante incroyable. Et je peux te dire que quand tu te fais engueuler par Daniel, surtout quand tu es jeune, tu te fais tout petit.

Le dialogue était possible avec lui ?

Oui, mais rare. Daniel, c'est surtout quelqu'un de très pragmatique qui te répondait avec son expérience. Quand tu étais dans une situation, il essayait de se référer à quelque chose qu'il connaissait. Et ce qu'on peut vraiment lui reconnaître, c'est qu'il était capable de mourir pour ses idées. Il te demandait clairement ce qu'il voulait. Il était têtu et faisait ce qu'il avait à faire avec les moyens et les joueurs qu'il avait. En attaque, il avait 4/5 combines et il fallait que ça marche. De surcroît, il n'a pas connu notre génération à maturité. À l'époque, il s'était mis le groupe à dos parce qu'il croyait en Jérôme par exemple. Il disait que c'était l'avenir du handball. Tout le monde n'était pas d'accord, mais n'empêche qu'ensuite, « Fernand » a souvent été présent dans les grands rendez-vous !

Ta génération a débarqué dans une équipe qui avait déjà connu toutes les gloires. Comment ça se passait avec l'ancienne génération ?
Tu la fermais et tu te concentrais sur ton jeu, tes entraînements et tu essayais de faire au mieux. Tu n'avais pas trop le droit de la ramener. Aujourd'hui, les jeunes qui arrivent, ils commencent à te vanner au bout de 3 jours. Tout se perd ! Et comme je le disais, il y avait une vraie pression. Au Mondial 1999, ça se passe mal. Et l'ambiance dans la presse, c'était du genre « Les jeunes ne nous aident pas ». Aujourd'hui, en équipe de France, on dit plutôt que les vieux sont les leaders et que les jeunes doivent suivre.

La critique a été vive quand même avec ta génération à ses débuts. Notamment en ce qui te concerne...
Oui. Notamment avec le journal *L'Équipe* où il y avait une journaliste, Anouk Corge, qui couvrait le handball. Et qui, à mon égard, disait constamment que je devais m'émanciper, trouver ma place. Ça a été comme ça pendant pas mal de temps en Bleu. À chaque sortie internationale, j'avais l'impression que je n'avais pas la carrure. C'était très frustrant et, à mon sens, pas toujours justifié. Avec les Barjots qui précédaient, ce n'était pas simple d'exister quand tu étais un nouveau, ce qui peut paraître logique, mais cette aura semblait tout justifier pour eux alors que nous, les

jeunes, on n'avait pas le droit à l'erreur. On n'était jamais assez bons.

Les Barjots, c'était un poids ?
Oui, lorsque nous sommes partis à Sydney en 2000 et que les gens pensaient qu'on allait rafler une médaille parce qu'on était les Barjots, c'était vraiment lourd. Car si tu faisais le compte des mecs appartenant à ce groupe initial, ça ne faisait pas beaucoup. Tu avais Jackson Richardson et Greg Anquetil comme Barjots, et Marc Wiltberger comme demi-Barjot. En même temps, notre génération a aussi voulu se démarquer des Barjots car, quand on est arrivé, eux avaient gagné pas mal de trucs, alors que nous, on n'était rien. C'était même un peu pénible d'être assimilé à eux car on ne faisait pas partie du même délire. Les gens voulaient qu'on joue comme eux, qu'on soit un peu fou alors que ce n'était pas notre truc. On était différent, voilà tout.

Les temps avaient changé. C'était une nouvelle ère ?
Sur le plan financier notamment, et sportif aussi, car ils avaient ouvert des portes. Ce sont eux les premiers à être partis à l'étranger et à avoir été imités ensuite. Ça impliquait que la nouvelle génération allait être plus armée encore, moins déconneuse, car le hand était vraiment devenu un métier. À l'époque, si tu partais au Japon, comme Stéphane Stoecklin ou Frédéric Volle, tu pouvais espérer gagner entre 10 000 et 15 000 euros quand tu étais une vraie star. Aujourd'hui, les montants ont été multipliés par 2 ou 3 pour les meilleurs. Et tu pars juste jouer en Allemagne…

Cette génération, c'est celle de ta première médaille internationale glanée au Championnat du monde juniors en 1997 en Turquie avec des Bleus qui terminent 3e. C'est une récompense qui a dû toujours te faire garder le cap, même quand ça allait mal ?
Je dis toujours que c'est ma plus belle médaille car, avant elle, je n'avais jamais rien gagné. Et c'est elle qui a ouvert ma collection. Car aujourd'hui, avec le palmarès que j'ai, en dehors des médailles d'or, je ne me rappelle pas de tout ce que j'ai gagné, de ce à quoi ressemblent véritablement les médailles, sauf de ce bronze-là. La plus belle chose à mes yeux, à l'époque. Je la connais par cœur cette médaille, son dessin, le ruban qui permet de la mettre autour du cou.

Là, déjà, tu seras accompagné de quelques partenaires que tu retrouveras régulièrement sous la tunique bleue...
C'était une belle génération. Il y avait, en effet, Guillaume Gille, mais aussi Thierry Omeyer, et puis des gars comme Sémir Zuzo, Yannick Reverdy, Sédrick Ignol, Stéphane Richardson et j'en passe.

Malgré cette belle génération, vous auriez pu aller plus loin dans cette compétition, sauf que la demi-finale face au Danemark a fait exploser le groupe. Pourquoi ?
On s'est bouffé entre nous. On était jeune et il y avait déjà des rivalités. Certains egos étaient un peu trop prononcés. Et, en définitive, il y a eu une opposition entre certains qui avaient déjà eu une ou plusieurs sélections en France A et

d'autres. Il y avait un côté « moi je suis une star, moi je suis ci, moi je sais ça » qui a gangrené l'équipe. Et on s'est pris un - 15 ou un truc dans le genre en demi-finale. Moi, j'avais déjà fait un stage ou deux à ce moment-là avec l'équipe de France A, mais je prenais beaucoup de plaisir avec ce groupe et je savais qu'il fallait encore travailler. Ça a été une vraie leçon.

Cette leçon, tu vas la potasser lors de ta première saison à Montpellier. Celle-ci est d'ailleurs plutôt bonne pour toi, tu es même une des révélations du Championnat à seulement 19 ans...
Au niveau national, en Championnat, j'arrive à faire la différence sur mon poste de défenseur. Mais, sur la scène internationale, il me manque encore quelque chose. Il me manque ce petit pas supplémentaire. Et c'est plus un pas technique que d'expérience qui me fait défaut à ce moment-là et ça durera quelques temps car je pense que je n'ai pas eu les réponses dont j'avais alors besoin. Je me suis beaucoup battu pour progresser, mais peut-être moins vite. J'étais un peu seul devant mes problèmes sans arriver à trouver les bonnes solutions.

Avec Montpellier, tu remportes ton premier titre de champion de France en 1998. Quelles sensations éprouves-tu ?
C'est forcément très fort car c'est le premier titre pour moi. J'accomplis un premier pas concret dans ma carrière et c'est une très grande fierté. On fait vraiment une saison solide en dominant nos adversaires. Moi, je prends alors définitivement ma place de défenseur au sein du groupe de Montpellier.

Dans la continuité, tu te frottes à la Ligue des champions, à sa rudesse et à un handball parfois « à l'ancienne » où un joueur va décider de te faire payer ton jeu rugueux. Ça se passe à Prato en décembre 1998...

C'est un match de poule en Ligue des champions et on va donc jouer en Italie. Comme je suis encore en phase d'apprentissage, toujours un peu jeune et fougueux, je continue à jouer sur mon côté physique et je mets des coups pendant tout le match à un type qui s'appelle Samir Nezirevic. C'était un vieux roublard. Et il n'arrêtait pas de me brancher, de me dire « attention, arrête ». À un moment, il tire et je tourne la tête pour regarder le ballon partir et, là, il me met une patate dans la tronche. Ça tape dans la mandibule et je tombe par terre. J'en rajoute un peu pour qu'il prenne un carton, mais je vois qu'il y a de l'agitation autour de moi. Il y a Cédric Burdet qui s'approche et me demande comment ça va. J'acquiesce, mais je vois qu'il est inquiet. Il me dit que j'ai la bouche toute rouge, pleine de sang. Je ne me rends compte de rien sur le coup. Je me relève et là, crac, je sens que c'est ma mâchoire qui est cassée. Je fais quand même encore 2/3 défenses et je sors. Ce qui est fou, c'est que personne n'a rien vu sur l'action. À l'hôtel, j'ai dû me saouler pour faire passer la douleur avant de pouvoir aller consulter un médecin. J'étais dans un sale état.

On m'a opéré ensuite pour remettre tout en place : j'ai eu des barres métalliques dans la bouche avec la mâchoire fermée pendant un mois. Un truc horrible, j'avais l'impression de constamment étouffer. Je devais manger à la paille et j'ai dû perdre 10 kilos. À la fin, j'avais tellement envie de manger du solide, et notamment du poulet, que je me suis acheté une rôtissoire pour le jour où je pourrais remanger. Le jour où j'ai été libéré, je me suis préparé mon petit poulet comme je l'aime, c'était une tuerie. Ensuite, la rôtissoire, j'ai dû m'en resservir 5 ou 6 fois et je l'ai rangée. Mais cette histoire m'a mis du plomb dans la tête car je me suis fait casser la mâchoire parce que je mettais des coups. À partir de là, j'ai essayé de défendre en restant rugueux, mais sans faire mal à l'adversaire.

Après cette période, il y a Montpellier, les débuts en équipe de France et quelque chose de très marquant aussi dans ta vie d'homme : ton mariage. Tu te maries très tôt, pourquoi ?
Quand on a un peu de temps et que c'est relâche au club, on sort avec mes proches dans une boîte de nuit qui s'appelle « Le Matchico » et c'est là-bas que je rencontre ma première femme. On commence à se fréquenter et comme je suis croyant et que la stabilité de la relation me convient, je décide de me marier. Pour faire les choses dans le bon ordre, comme on dit. Mais ça ne sera pas forcément la meilleure décision de ma vie.

Pourquoi ?
Parce que je pense que je me suis sûrement un peu précipité et qu'avec ma femme, nos chemins n'ont pas été parallèles quand il le fallait.

Naîtra quand même de cette union ta fille, Devon-Gabrielle, à laquelle tu es très attaché...
C'est mon soleil. Avant qu'elle n'arrive, je rêvais d'avoir un enfant. Devon et Alejandro, mes enfants, sont les plus belles choses de ma vie. Je ne les changerais pour rien au

monde. Ce sera toujours mes deux plus belles médailles, quoi qu'il arrive.

Il est comment Didier Dinart, papa ?
Je suis gaga d'eux. Je n'ai toujours voulu que leur bonheur, les voir rire, s'amuser. Devon-Gabrielle est passionnée d'équitation et de piano. Lorsqu'elle vient en vacances, elle a son piano à la maison, c'est toujours un vrai plaisir de l'écouter en jouer. Lorsqu'elle était bébé à Montpellier, les mecs me charriaient car je reprenais toutes ses mimiques aux entraînements. C'est ma princesse.
Alejandro, lui, est passionné de dinosaures, de dessin et de natation. Il part souvent à la recherche de fossiles… C'est un futur paléontologue ! Ou champion de natation… À moins qu'il ne suive mes pas, qui sait ?
Il est aussi déconneur que moi et il me ressemble beaucoup dans les attitudes, la gestuelle, la façon de se déplacer Un vrai mini-moi !

Il y a un tiraillement entre cette pratique pro et sa famille, son chez soi ?
Chaque métier a ses avantages et ses inconvénients. Comme tout sportif pro, tu es toujours disloqué. Il arrive d'en avoir marre, que tu ne penses qu'à être chez toi, tranquille. La lassitude fait souvent son apparition. Tu supportes moins quand tu vieillis, mais ça fait partie du boulot au final. On est aussi payé pour ça, il faut donc faire avec.

UN BLEU
CHEZ LES BLEUS

C'est à ce moment-là aussi que tu commences à être plus régulièrement convoqué en équipe de France. Tu es appelé pour la première fois en 1996, tu rates le Mondial 1997 parce que tu es un peu blessé et tu enchaînes sur les Jeux Méditerranéens, l'Euro 1998 et le Mondial 1999 où les attentes sont très fortes. Il y avait beaucoup de pression sur vous ?
On était quelques jeunes à arriver progressivement en équipe de France, mais il fallait que l'on soit tout de même très vite dedans. Il fallait que l'on commence à apporter à cette équipe. Pour moi, ça commence sérieusement dès l'Euro 1998. Et à titre personnel, on m'a propulsé ensuite assez tôt « patron de la défense », alors que je n'avais que 22 ans. Ce n'était pas tant les responsabilités qui étaient difficiles à assumer que le fait de parfois n'avoir comme guide que mes propres intuitions. À ce niveau-là, tu as besoin de réponses, du partage des anciens et ça n'était pas forcément le cas.

Au Mondial 1999, pourtant, Marc Wiltberger prend la parole pendant une réunion pour essayer de te mettre plus à l'aise. Sans succès ?
C'était assez compliqué car j'étais intronisé patron de la défense de l'équipe de France parce que j'occupais ce poste à Montpellier et en sélections jeunes, que je commençais à pas mal gagner avec Montpellier. Mais autour de moi, j'avais du mal à gagner le respect de mes partenaires. Et c'était difficile de leur donner des ordres au regard de leur statut. Et parfois aussi au regard du jeu pratiqué par l'équipe de France. Quand Jackson Richardson jouait en poste avancé devant moi, son jeu à risque et son génie

étaient assez difficiles à appréhender pour ses adversaires, mais aussi pour nous. Je devais composer avec ça et j'avais du mal à le diriger. C'était Jack, une star, et moi, un jeune qui arrivait. Tu fais comment pour diriger la star mondiale dans ces cas-là ? L'incertitude, c'était sa force, alors qu'en défense, tu as besoin de certitudes pour que ton bloc soit organisé. Avec le temps, on a quand même trouvé notre équilibre, mais surtout à mesure que je prenais confiance en moi. Mais il a fallu du temps car, par exemple, sur ce Mondial 1999, je fais tous les matchs jusqu'au 8e de finale et après je fais banquette. C'est un peu plus tard que la génération actuelle va progressivement prendre ses marques avec néanmoins pas mal d'incertitudes sur ce qu'elle a à apporter, sur la place qu'elle doit réellement tenir.

Notamment à l'Euro 2000 en Croatie où vous jouez votre va-tout...

Si on passait à côté lors de cette compétition, on allait vraiment passer pour des rigolos et c'était le moment où jamais pour cette génération qui, si elle jouait décontractée, pouvait vraiment réaliser quelque chose. On avait tous besoin de reconnaissance. Et si on n'accroche pas de médaille, on termine quand même à la 4e place après une compétition qui se sera déroulée dans un contexte difficile avec une équipe qui n'avait pas une côte extraordinaire au départ.

Le contexte dont tu parles, c'est la tentative d'achat d'un de vos matchs par les Croates, ni plus ni moins. Une situation qui a dû peser ?

Avec le jeu des poules, il fallait que l'on perde une rencontre pour qu'eux puissent obtenir leur qualification olympique pour Sydney en atteignant directement les demi-finales, et ce au détriment des Espagnols. La France avait évidemment refusé, Daniel Costantini disant qu'il n'y avait dans cette équipe personne à vendre et que ce n'était pas prêt d'arriver. D'autant plus que nous, on n'était pas dans une situation simple sportivement dans cette compétition car, avec le jeu des différences de buts, l'histoire pouvait même se retourner contre nous. On nous avait donc interdit de sortir de l'hôtel car on avait peur pour notre intégrité physique. On avait même reçu des coups de téléphone dans nos chambres à 3 heures du matin avec des gars qui nous parlaient en croate, ou quelque chose comme ça, et qu'on n'arrivait pas à comprendre ! Il y avait quand même une grosse tentative de déstabilisation. Le lendemain, on est allé jouer cette rencontre à fond. Le match avait été super houleux puisqu'Andrej Golic s'était pris un shampooing de crachats sur son aile, tandis qu'Olivier Girault avait reçu un bâton de tambour sur la tête. Et les Croates ne sont finalement pas passés puisqu'on ne s'était pas laissé faire en obtenant un nul (26-26).

Les Croates ont même perdu la finale pour la 5e place qui était leur dernière chance de décrocher le billet pour les JO de Sydney. Quand on est rentré à l'hôtel, les Espagnols étaient tout sourires car on n'avait pas faussé la compétition. Ça ne les a pas empêchés de nous battre pour la médaille de bronze a posteriori. Malgré ce contexte compliqué, l'équipe de France a réussi un très bel Euro avec un Jackson Richardson au sommet de son art.

À titre personnel, tu marques tout de même ton territoire à cette période-là. Non ?

Oui, c'est clairement à cette période-là que j'ai commencé à prendre ma vraie dimension en défense. Même si on finit 4e, on y va avec pas mal de blessés (Fernandez, Wiltberger, Kervadec et G. Gille). On bat tout de même l'Allemagne, mais aussi l'Espagne, même si cette équipe nous prive finalement du bronze. Au final, j'étais à la fois frustré, car je passais à côté d'une première médaille avec les Bleus, mais aussi content car c'était ma première compétition aboutie. Je me souviens m'être retrouvé dans l'avion du retour avec la paire d'arbitres français Garcia/Moreno et eux m'avaient félicité sur le boulot que j'avais abattu. Pour eux, j'avais pris une nouvelle dimension. Je n'en ai pas dormi du voyage ! Même si on était resté en échec collectif, à titre personnel, j'avais passé un premier cap.

Avec Montpellier, tu continues ta moisson de titres avec deux doublés Championnat/Coupe de France en 1999 et 2000. C'est déjà incroyable ?

C'est une grosse période de domination pour nous sur le sol français, mais rien n'est facile pour autant. On a une grosse équipe, avec beaucoup d'internationaux. Jean-Paul Lacombe et Robert Molines, les présidents successifs, ont vraiment l'envie de bâtir un club ambitieux et structuré, d'aller chercher des sponsors, de faire grandir le club. Et moi, je fais mon chemin dans cette équipe.

À Montpellier, tu acquiers en fait cette culture de la gagne qui ne te quittera plus jamais...
C'est vrai que j'ai tout gagné là-bas, ça a été crescendo. Il y avait toujours un gros collectif et on voulait vraiment battre les autres. On bossait beaucoup, physiquement notamment, pour épuiser les adversaires.

Ça a été ça, la clé de ta progression, ce polissage physique ?
Ça en fait partie, mais pas seulement. J'ai toujours voulu comprendre comment fonctionnaient les choses. L'essence de la progression, c'est essayer de reproduire ce que tu as trouvé de bien chez les autres pour compléter ton propre jeu. À l'époque, à Montpellier, avec Cédric Burdet, on était assez impressionné par le jeu des Suédois en défense, car tu pensais que tu allais pouvoir passer dans leur défense et, au final, ils réussissaient à intercepter la balle. Comme une sorte d'aspirateur. Mais là encore, reproduire ne suffit pas. Il faut comprendre pourquoi tel ou tel joueur fait un type d'action. Il est donc important d'avoir du répondant du côté des coachs. Pour te mettre dans le droit chemin.

Tu te nourris de quoi pour t'imposer comme joueur ?
Je me nourris de l'envie d'être unique, le meilleur. C'est le côté égocentrique qui ressort. Tu n'as pas envie que ça soit les autres qui roulent leur caisse, mais toi, en toute humilité, sans leur rappeler sans cesse que tu es le champion, mais que ça soit diffus, induit. L'égo d'un sportif fait en grande partie sa force. Avoir un égo surdimensionné, ne pas supporter l'échec, c'est très important. Mais attention,

il ne faut pas que ça soit dans un mauvais esprit. Avoir le « boulard », ce n'est pas mon truc !

Tu as eu une sorte de parrain à Montpellier en la personne de Rabah Gherbi qui t'a permis de prendre les bonnes décisions, de faire de bons choix. Comment cela est-il venu ?
Assez naturellement. Il s'est pris d'amitié pour moi. À Montpellier, il a été comme un guide dans mes débuts pros car il m'a donné beaucoup de conseils. Il m'emmenait à l'entraînement, jouait vraiment les grands frères avec moi. Il a été très précieux dans mon début de carrière. Il a été ce que j'ai essayé d'être avec Nikola Karabatic. Ce qui est drôle, c'est qu'avec Rabah, on avait 7 ans de différence, comme j'ai 7 ans de différence avec Niko.

Pourtant, il y avait une concurrence avec Gherbi...
C'est ce qui est assez étonnant car on jouait au même poste et lui avait vu en moi le potentiel que j'avais. Il s'est même fait casser pour que je joue. On est de très bons amis maintenant. Patrice disait d'ailleurs qu'il était admiratif que deux joueurs comme nous, sur le même poste, s'entendent aussi bien. Il a même été mon témoin de mariage.

La concurrence justement, parlons-en. C'est difficile de prendre la place de quelqu'un ?
C'est le jeu. On n'est pas là que pour se faire des amis. Tu dois jouer ta propre partition car personne ne le fera pour toi. Et si tu ne donnes pas tout ce que tu as, tu n'as aucune chance d'y arriver. Dans une carrière, il faut travailler, se battre pour trouver sa place tout en restant fair-play et,

en plus, il faut aussi avoir de la chance. Ton destin peut être tout à fait différent si tu n'as pas le bon coach au bon moment dans ta carrière, si tu te blesses, etc. Et même si tu travailles beaucoup, tout est sur un fil et tu ne peux pas tout maîtriser.

Les JO de Sydney 2000 se profilent alors et tu es sélectionné. C'est un rêve qui se réalise ?
Les JO, c'est déjà le rêve d'une vie. Un truc que tu espères secrètement, mais que tu oses à peine imaginer. Et là, je me retrouve à y aller. À l'autre bout du monde.

La mythologie des Jeux olympiques est la plus importante pour l'équipe de France ? Les Jeux olympiques, c'est le summum pour le handball ?
Les JO, c'est ce qui peut donner la plus grande exposition à notre sport. Ça rend le handball un peu plus attractif. Et c'est grâce aux JO que le handball est devenu aussi populaire, car l'ascension de notre sport en France s'est faite en parallèle des résultats des équipes de France aux Olympiades. La fulgurance médiatique des dernières années est venue grâce à la médaille d'or de Pékin car c'était le titre que l'on attendait tous.

Il a quoi de spécial, ce tournoi olympique ?
C'est un tournoi universel, même le petit papy du bout du monde peut tomber sur un match de hand à la télé, alors qu'il n'y connaît rien, et se passionner pour le résultat. C'est ça la magie des Jeux olympiques. Et à vivre, pour un athlète, c'est quelque chose d'incroyable : il y a l'esprit général de la compétition, la cérémonie d'ouverture ou encore la possibilité de tomber sur un Kobe Bryant à la

cafétéria. C'est unique. Et tu ne retrouves ça sur aucun autre événement sportif.

Pour tes premiers JO à Sydney, tu étais excité ?
Forcément. D'autant que la préparation à Vittel avait été une vraie boucherie car il y avait 2 places pour 3 joueurs qui étaient en balance : Puigségur, Wiltberger et Girault. Ça chauffait de partout et Daniel laissait faire. Il fallait gagner sa place. C'était pesant pour le groupe car ça frittait pas mal à l'entraînement. On se disait presque que ça aurait été plus simple s'il y avait eu un blessé.

Vous y allez pour faire une médaille quand même à ces JO ?
On y va pour ça, mais on sait que ça va être difficile. On n'y croit pas forcément.

Sydney, ça a été un très gros bordel...
Certains joueurs avaient de l'amertume envers Daniel. Et ça a été une sorte de règlement de comptes qui a entraîné une réaction en chaîne par la suite. D'autant qu'à un moment donné, Daniel a eu des propos qui n'ont pas été compris. Il a dit par exemple que son objectif était d'aller à Athènes en 2004 alors que l'on n'avait pas encore fait le Mondial 2001 chez nous et que les JO de Sydney se passaient mal.

Le truc fou, c'est que pendant cette compétition, Daniel Costantini perd son père. Et la communication devient très difficile entre lui et le groupe...
Comme il avait installé cette situation en équipe de France de commandement pyramidal, il a été prisonnier de son

fonctionnement car il ne pouvait pas s'appuyer sur nous pour nous débrouiller. Il se devait de mener le navire. Du coup, c'était très difficile de communiquer avec lui. L'exemple-type, c'est sur le match contre les Suédois : Christian Gaudin arrête tout et Daniel décide de faire rentrer Bruno Martini. Bruno y est moins et les Suédois ont repris le dessus petit à petit. Et quand il remet « Kiki », il n'est plus bon, sorti du match. Daniel fait un non-match, mais personne n'est au courant de la situation, que son père est en train de mourir et on ne comprend pas ses choix et ses décisions.

Toi, tu étais encore jeune. Tu as vécu ça comment ?

En retrait. Je ne voulais pas me griller et je ne pensais pas avoir quelque chose à dire. Je ne devais pas m'en mêler et je laissais ceux qui voulaient régler leurs comptes le faire.

Tu as vécu un moment étrange avec Daniel, justement à l'issue de ces JO…

Après tout le bordel, on a une discussion ensemble. Pour moi, avoir une longue discussion avec lui, ça me paraissait inconcevable. Après tous les clashs, les réunions, je l'ai interpellé car je voulais juste échanger avec lui à propos de moi, de mes performances et de rien d'autre. Car je me posais quelques questions. Et là, il m'a déballé pas mal de trucs, les échanges virulents qu'il a eus avec un fameux joueur, sa façon de voir les choses, qu'il avait décidé de ne plus le convoquer de nouveau, qu'il devait composer avec certains autres joueurs, que c'était difficile, etc. Ça m'avait vraiment touché car je ne pensais pas pouvoir avoir ce genre de discussion avec lui. Peut-être était-ce parce qu'il se sentait seul et que, comme j'étais un peu en marge, à part, il savait qu'il pouvait parler en toute confiance et que je n'allais pas le raconter aux autres puisque je ne faisais partie d'aucun groupe, d'aucun clan dans cette équipe.

Tu étais isolé ?
J'étais constamment entre deux feux. Car nous, les jeunes, quand on n'était pas bon, on n'aidait pas assez le groupe, et quand on avait du temps de jeu, les anciens gueulaient qu'on allait leur bouffer leurs places. C'était vraiment délicat de trouver sa place et de faire les choses comme il le fallait. Ce n'était vraiment pas simple.

Surtout que, devant toi, tu avais une légende, Guéric Kervadec...
Guéric était un joueur que je respectais beaucoup. Il était la référence, le meilleur joueur du monde à son poste. Et en même temps, il fallait réussir à bousculer la hiérarchie. C'était une opposition sportive avant tout, mais pour lui, les choses n'étaient vraiment pas simples car il voyait se pointer deux jeunes joueurs ambitieux : moi et Bertrand Gille. De mon côté, je commençais à bien marcher en défense, tandis que « Bobo » faisait du bon boulot en attaque.

Comment vivais-tu la concurrence avec Guéric Kervadec en équipe de France ?
J'avais beaucoup de respect pour lui, mais j'avais la sensation qu'il ne m'aidait jamais vraiment. Il me laissait me planter et il réparait mes conneries après. Je me posais toujours la question de savoir pourquoi.

Il n'était pas réputé pour être très communicatif...
Moi non plus, remarque. Ça doit être l'apanage des défenseurs et des pivots.

Il y avait peut-être une forme d'individualisme forcené à l'époque...
Peut-être que la concurrence était tellement grande que c'était impossible à mettre en place. Daniel avait en partie construit sa sélection autour de l'incertitude. Du coup, tout le monde ne jouait que sa place, afin d'être présent au stage suivant. En n'ayant pas forcément conscience que ça pouvait avoir une incidence sur le groupe et son développement. C'était difficile d'être en équipe de France à cette époque et nous, les vieux actuels, on a beaucoup souffert de ça. Et on essaye de ne pas reproduire cela avec les nouveaux arrivants.

Au final, aucune vraie formule n'aura vraiment marché à l'époque alors que le talent était là. Pourquoi ?
Tout dépendait un peu de qui était désigné leader, en fait. Quand c'était Guéric, je me sentais moins bien et, quand c'était moi, j'étais plus à l'aise. D'ailleurs, quand il n'était pas là, je pense que mes performances étaient meilleures, alors que je me souviens, par exemple, quand on était encore coaché par Daniel, des moments de matchs où je passais à côté. Guéric rentrait alors et tout était en ordre ensuite.

À l'issue des JO de Sydney, Daniel convoque tous les joueurs pour vous parler. Il vous dit quoi ?

À la fin des JO de Sydney, Daniel nous a réunis pour nous dire qu'il allait arrêter sa carrière après cet échec, mais qu'il allait tout de même nous accompagner jusqu'au Mondial que la France organisait car l'échéance était très proche et que ça ne mettrait pas l'équipe dans de bonnes conditions s'il fallait tout changer tout de suite. Ceux qui voulaient que Daniel arrête avaient gagné.

Sport+
3
adidas
HANDBALL
l'Artisanat

VERS UN PREMIER SOMMET MONDIAL

Si le Championnat démarre plutôt bien sur la saison 2000/2001 pour toi, l'événement qui mobilise les esprits, c'est donc le Mondial qui va avoir lieu en début d'année. Comment abordez-vous ça ?
Daniel n'avait qu'une obsession depuis que j'étais en équipe de France : le Mondial 2001 Ça veut tout dire. On savait qu'il allait falloir être au rendez-vous. Parfois, on se prenait des raclées. Je me rappelle d'un 20-12 en Allemagne. Terrible. Il fallait avoir la foi. Et là, c'était le moment de prouver ce qu'on avait dans le ventre. Face à la France et à nos supporters.

À titre personnel, c'est sur cette compétition que tu deviens vraiment le patron de cette défense des Bleus. Quand se passe le déclic ?
Cela faisait quelques temps que j'étais arrivé à Montpellier, j'avais un certain nombre de sélections en équipe de France et je continuais de travailler dans mon coin sans faire trop de bruit. Mais un jour, Daniel vient me voir et me dit : « bon Didier, ça va faire un moment que tu es avec nous, on voit que tu encaisses tout, les bonnes choses comme les critiques, tout ce qui va avec et que tu emmagasines. Eh bien maintenant, ce que je veux, c'est que tout ce que tu as emmagasiné, tu le balances sur le terrain. Je veux que tu sois le patron et que tu le montres ». Du jour au lendemain, ça a tout changé.

Tu avais une image de dur au mal avec beaucoup de fantasmes sur tes qualités physiques et, du coup, pas mal d'attentes. Comment as-tu vécu ça ? Ça te pesait ?
Au début, je n'aimais pas trop la façon dont les gens me regardaient. Quand on te dit que tu es un boucher, un bourrin, ce n'est pas très agréable. On te résume à quelque chose et on minimise tes compétences à une force brute. On ne te voit presque pas comme un handballeur. Je me suis pas mal fait insulter et ça touche forcément. Il y a une phrase implacable que Bruno Martini aimait bien sortir quand on essayait de le résumer à son attitude de furieux dans les cages : « Et sinon, c'est quoi ton palmarès ? ». Si tu n'as rien à répondre, tu peux juste encaisser les remarques et te taire, alors que si tu t'en prends plein la tête et que le palmarès, c'est toi qui l'a, tu peux te dire que le mec en face est un con. C'est assez simple comme technique finalement. Ton palmarès est quand même le reflet de ce que tu peux être. Mon palmarès m'a permis de m'affranchir de la condition de boucher qu'on a voulu m'attribuer.

Au delà des insultes de jeunesse, les choses ont parfois été plus loin. Des attitudes à la limite de la correction, beaucoup de mépris de la part de joueurs qui étaient censés être les meilleurs. On pense en particulier aux Suédois qui dominaient les débats à ce moment-là...
J'ai beaucoup d'amertume envers cette ancienne génération de l'équipe de Suède. Il y avait des types, comme le gardien Peter Gentzel, lorsque tu t'engageais dans le couloir d'un côté, tu marchais vers eux, ils te fixaient dans les yeux, tu t'approchais, ils continuaient et, quand tu arri-

vais à leur hauteur et que tu allais poliment les saluer, ils tournaient la tête. Des vice-champions olympiques, champions du monde et d'Europe C'est quand même assez fort comme façon de se comporter. Lövgren aussi était assez arrogant, il disait bonjour vite fait, mais derrière tu savais qu'il n'en pensait pas moins. Celui qui était le plus sympa, c'était Magnus Wislander car il savait qu'il allait prendre des coups toute la partie ! Ils étaient spéciaux ces Suédois.

Daniel Costantini disait même que tu étais, pour les Suédois et dans tous les sens du terme, leur bête noire...

Ils m'avaient surnommé « Holyfield ». Je pense que ça n'était pas par hasard. Et ils en rajoutaient dans la presse en disant que je broyais les joueurs, que j'étais un coupeur de têtes, tout ça pour influencer les arbitres. Et que j'ai une mauvaise réputation. Il se disait même que je prenais beaucoup de cartons rouges Ce qui est particulièrement faux. Car je n'en ai pas pris plus que ça. 5 ou 6 au plus, et je ne me rappelle pas d'un seul. Dans une carrière de 16 ans, ça fait quand même peu. On dit même que j'étais plus exclu temporairement à mes débuts. Il faudrait quand même regarder dans les archives match par match pour faire des statistiques précises car je n'en suis vraiment pas sûr. Aujourd'hui, un joueur comme l'Allemand Oliver Roggisch est largement plus sanctionné que moi.

Tu joues avec les limites alors ?

J'ai toujours mis l'accent sur le fait de ne pas me faire exclure. Quand un match commence, il ne faut surtout pas avoir d'exclusion dans les 15 premières minutes, sinon c'est tout de suite mal barré. Tu es dans le collimateur des arbitres et tu prends des risques pour la suite. Car entre la 15e et la 30e minute, tu sais que ça va chauffer et que si tu dois en prendre une, il vaut mieux que ça soit à ce moment-là. L'idéal, c'est donc de pouvoir attaquer la seconde mi-temps avec 2 crédits, voire 3. Tu joues dans le temps avec ces possibilités de faute. Si tu prends tes exclusions trop vite, tu peux vraiment mettre ton équipe dans la panade. C'est un vrai travail sur soi. Et puis, il y a aussi de l'intox avec les arbitres. Il faut rester sympa, sourire, déconner un peu avec eux. C'est un sport d'humain, d'appréciation. Parfois, c'est drôle parce que j'ai l'impression que certains arbitres ont honte de m'exclure Ça m'est arrivé sur certains matchs de ne prendre qu'un jaune et aucune exclusion temporaire. Ça veut aussi dire que l'arbitre respecte ton jeu et qu'il voit ce que tu fais réellement, quand d'autres se fient à une impression. Car au hand, les choses vont vite.

La compétition démarre avec un résultat final que l'on connaît, mais pendant celle-ci, Daniel vous balance quelque chose de très dur. Il vous dit quoi ?

C'était à Nantes, quelques jours avant le début du Mondial, on était dans une salle de réunion à l'hôtel et il nous dit : « je suis mort à Sydney, je suis là, mais je n'existe plus ». Il visait clairement ceux qui avaient voulu sa tête.

Comment réagit-on à ça ?

Quand quelqu'un t'a mis en selle, je pense qu'il faut garder un minimum de respect pour lui. Trahir quelqu'un dont tu ne respectes pas les idées alors qu'il ne t'a pas châtié, c'est quand même limite. Mais après, chacun fait comme il veut. L'histoire montre que Daniel a eu son importance dans le handball français et qu'il a su l'emmener très haut après l'avoir pris très bas. Il a passé le relais à Claude qui a aussi œuvré pour les résultats. Aujourd'hui, le handball français est très haut et l'histoire continue, mais les gens ne doivent pas oublier le travail de Daniel. Les aventures humaines peuvent être belles à regarder, mais les gens n'arrivent pas à comprendre qu'il peut y avoir des choses pourries dans un groupe. Mais ces choses-là doivent se régler en interne, et surtout dans le respect de tout le monde : joueurs et entraîneurs.

On sent que la remise en cause de soi, le respect de l'autre sont des choses importantes pour toi. Pourquoi ?

Dans le sport de haut niveau, il faut constamment essayer de conserver ce qui fonctionne et corriger ce qui ne va pas. Les affaires dont on entend parler dans le foot sont scandaleuses. Quand tu es joueur, tu ne peux pas parler comme ça à ton entraîneur. Même si tu ne partages pas ses idées, il faut respecter la fonction et la personne. Si ça ne va pas, tu peux toi-même décider de ne pas continuer à travailler avec quelqu'un, tu as toujours le choix. Mais tu dois aussi faire attention à la façon dont tu fais les choses car tu es un personnage public. Ton image n'engage pas que toi. Surtout, tu peux t'expliquer entre adultes avec la personne avec qui tu es en conflit. Mais les lecteurs de journaux et le public ne savent pas forcément ce qui se passe dans le vestiaire. Les règlements de compte par journaux interposés ne servent pas à grand-chose.

Le hand est protégé de ce genre de dérives aujourd'hui ?
Je pense qu'on a encore la chance d'être dans un milieu sain où l'équilibre entre professionnalisme, argent, médiatisation permet d'éviter des comportements négatifs. On arrive à mobiliser des supporters qui ont un bon esprit, qui ne sont pas envahissants, qui savent garder de la distance et qui ont toujours de belles intentions pour nous. Ça offre des échanges de qualité avec eux, même si on ne peut pas toujours satisfaire tout le monde. En tout cas, on essaye d'être les plus disponibles possibles car ces contacts-là, ça permet de garder de la fraîcheur.

Malgré l'explosion du groupe de Sydney en plein vol et la façon dont Daniel aborde le Mondial 2001 en France, vous remportez le titre à la maison...
C'est phénoménal. Il n'y a pas de mots assez forts. On revient de tellement loin. Jouer dans un Bercy en folie avec ce scenario incroyable. Jacques Chirac et Lionel Jospin qui débarquent dans les vestiaires et qui prennent des photos avec nous, c'est du jamais vu. C'est un premier gros sommet de ma carrière. On devient quand même champions du monde !

Qu'est ce qui a permis à cette équipe, qu'on a dit moribonde quelques temps avant, de réussir à remporter ce titre ?
C'est la peur. L'appel du devoir. Ça aurait été une honte nationale de ne pas réussir. Un Mondial à la maison, tous les handballeurs et les gens que tu connais vont regarder, plus ceux qui ne s'y intéressent pas en temps normal. Tu es jugé directement sur ta performance. Tu as une pression énorme.

En finale, l'équipe de France bat donc la Suède (28-25) après toutes les humiliations passées. C'est une revanche incroyable ?

Ils nous ont tellement cassé les pieds pendant des années que c'était jouissif au possible de les faire tomber à ce moment-là. Les mecs qui viennent enfin te serrer la main à la fin du match alors que tu jubiles, c'est quand même assez agréable. L'amertume qu'on avait eue pendant des années s'évaporait un peu. Ils étaient bons et arrogants, c'était donc énervant pour eux de devoir s'incliner face à nous. On était dans nos petits souliers.

Tu as pardonné aujourd'hui cette attitude des Suédois ?

C'est du passé, je n'ai pas envie d'en parler car j'aurais des mots trop durs sûrement à leur propos. Et puis, la génération de joueurs contre lesquels nous jouons actuellement n'a rien à voir avec ça. Il y a désormais un grand respect mutuel qui n'a rien à voir avec les aînés.

Comment se prépare cette finale ?

J'étais en chambre avec Olivier Girault. La veille, on n'a pas dormi. On n'arrêtait pas de parler, de regarder par la fenêtre en se disant : « t'imagines si on gagne demain, on sera champions du monde. Champions du monde ». On rêvait, mais sans dormir.
Juste avant le match, je vais déjeuner, mais rien ne rentre, j'avais le ventre serré, je n'y arrivais pas. J'ai mangé 2, 3 bananes et c'était parti.

Ce succès est une vraie délivrance, même si déjà face à l'Égypte, tu sembles très content...
Quand on bat l'Égypte en demi-finale, je sais que je vais avoir ma première vraie médaille internationale, c'est déjà vraiment énorme pour moi, surtout en France. J'ai au moins de l'argent. Et ensuite, on réussit cet exploit incroyable.
Le plus beau moment du Mondial, c'est le France-Yougoslavie qu'on remporte à Nantes 22-20. On n'avait jamais gagné contre eux. Les gars avaient peur de nous, on était vraiment costaud. Il y avait une espèce de brouillard, de buée dans cette salle. Les gens chantaient *La Marseillaise*, c'était une ambiance de dingue.

Il y a quelque chose qui change aussi, c'est le rapport aux médias. Les victoires ont balayé les doutes ?
Évidemment, ça aide quand tu gagnes. Mais l'essentiel, c'est le bien fondé de la critique. Quand je suis mauvais, ça ne me dérange pas de prendre sur mes épaules ce que j'ai à prendre. En revanche, les attaques personnelles, les propos déplacés n'ont rien à faire dans les médias. À titre personnel, j'ai longtemps été distant avec les medias car, avant 2001, ces derniers ne prêtaient pas toujours attention à nous. Il n'y avait pas vraiment de spécialistes de la discipline, hormis à *L'Équipe*. C'était toujours un peu compliqué d'expliquer ce que tu faisais comme joueur, surtout en défense, car tu passais là encore pour une brute de base.

Pourtant, le hand n'a pas alors plus décollé médiatiquement...
Je pense qu'il y a eu un coche raté en 2001 après notre titre de champions du monde. Quand tu penses que notre podium n'est même pas passé à la télé, ça fout un peu les boules quand même. Tu gagnes un titre mondial, à la maison, et le diffuseur te coupe comme si tu étais au fin fond de la Russie ou je ne sais où pour balancer du Michel Drucker. C'est quand même significatif de la considération qu'il pouvait y avoir pour notre sport et notre exploit.

Il y avait pourtant du passif avec les JO 1992, le Mondial 1995...
Oui, et le titre de 1995 a eu un impact car c'était le premier titre mondial d'une équipe de sport collectif en France. 3 ans avant le football et le Mondial 1998, mais cet impact a été relatif. Il y avait de la sympathie pour notre sport, une vision bienveillante de la part des médias et du public, mais ça n'allait pas plus loin.

Après ce Mondial, il y a le retour en club. C'est difficile de reprendre le quotidien du club, à Montpellier ?
On a failli ne pas rentrer. Enfin si, mais on s'est fait une grosse frayeur avec Jérôme Fernandez dans l'avion qui nous ramenait chez nous parce qu'en rentrant de Paris, le pilote coupe les gaz à un moment parce qu'il y a un autre appareil sur le même couloir aérien. Tout le monde est tendu, ça bouge pas mal et on se regarde. On « psychote » un peu, on se dit qu'on ne va quand même pas mourir alors qu'on n'a même pas encore pu profiter de notre titre mondial !

2001 est une année charnière pour toi...
Les choses bougent pour moi, effectivement, notamment en club où Patrice me fait plus confiance, mais aussi en équipe de France où j'ai prouvé pendant le Mondial ce que je valais. Je gagnais en respect car les titres commençaient sérieusement à s'additionner sur mon palmarès.

Ce qui est marquant par la suite, c'est que le club laisse s'envoler le titre de champion de France...
En 2001, Montpellier n'est pas champion, sûrement à cause du titre mondial. En tant que joueur, on était sûrement trop rassasié et on a dû décompresser un peu. Du coup, Chambéry avait tellement la rage qu'ils ont réussi à nous prendre ce titre. C'est de bonne guerre, même si je pense que Patrice Canayer, qui pensait surtout au Championnat, nous en a voulu. Mais on s'est rattrapé par la suite.

Vient alors la succession de Daniel Costantini à la tête de l'équipe de France. Un moment important dans ce qui va faire de cette équipe de France ce qu'elle est devenue. Ça se passe comment ?
Quand Claude Onesta est arrivé en équipe de France, personne ne voulait prendre cette équipe. Ça ne se bousculait pas trop au portillon. Certains se disaient même prêts à la reprendre, mais quand elle serait au plus bas. Pas à ce moment-là, pas après le succès du Mondial. Car la tâche n'était quand même pas évidente. Et Claude a accepté de relever le défi. Il a eu des moments très difficiles avec cette équipe, mais il a su remonter. Il a même failli se faire guillotiner au Mondial 2005 en Tunisie à cause d'une très mauvaise entame, mais, au final, il se sauve grâce à notre

médaille de bronze. Et ensuite, il devient le gourou du hand et du sport français. Quand on t'offre une opportunité, que tu ne la prends pas et qu'un autre réussit, c'est quand même toi qui es à côté de la plaque.

Ce n'était pourtant pas gagné d'avance comme tu le dis...

Quand il est arrivé, Claude Onesta faisait un complexe d'infériorité. Et il disait que ça venait du fait que, dans cette équipe, il était le seul à ne pas être champion du monde.

La transition entre Daniel Costantini et Claude Onesta en 2001, comment se fait-elle au sein du groupe après toutes les luttes ?

On savait ce qu'on avait fait avec Daniel, mais pas ce que Claude allait mettre en place. Il y avait forcément beaucoup d'interrogations, surtout après un bail si long et la forte personnalité de Daniel. Mais, au premier rassemblement, Claude a pris la parole pour nous dire qu'il voulait faire progresser le handball français sur tel, tel et tel points et que sa porte était ouverte pour ceux qui avaient quelque chose à dire ou à apporter au projet. Mais qu'il ne faudrait pas pour autant venir y frapper trop souvent pour se plaindre.

Ça a été un changement de régime ?

Une fois, Olivier Girault est venu voir Claude pour lui demander s'il pouvait boire une bière. « S'il te plaît ». Et ça a vraiment choqué Claude car avant, on n'avait pas le droit de se boire un petit verre. Si on manquait nos tirs à l'entraînement, Daniel était capable de nous le ressortir.

Quand il arrive, tu tiens à jouer un nouveau rôle ?
Je suis déjà plus en place que par le passé, mais je me contente de ce que j'ai à faire dans cette équipe. Claude Onesta et Sylvain Nouet doivent mettre en place leur système et ils sont aussi en phase d'apprentissage. Et s'ils testent des choses qui ne fonctionnent pas, ils réussissent tout de même à avoir progressivement des résultats. Même si ça prend un peu de temps. Notre premier Euro (2002) est catastrophique. On est complètement à la ramasse avec des blessés. C'est la première compétition de Claude, il essaye de trouver ses marques, mais ça n'est pas simple. C'est une dure entrée en matière pour lui. Après le succès du Mondial, on prend un petit coup derrière la tête.

En club, en revanche, les choses se passent à merveille et un petit jeune va pointer le bout de son nez : Nikola Karabatic. Tu as été son parrain dans cette équipe de Montpellier. Comment le rapprochement s'est-il opéré ?
Niko est arrivé de Frontignan aux alentours de 16 ans pour jouer à Montpellier. Il était avec son père. Et il se disait déjà qu'il avait un bon potentiel, même s'il était un peu stéréotypé. Mais il était déjà très travailleur. Il aimait vraiment le hand, aller loin, se dépasser. Il faut dire qu'avec le passé de haut niveau de son père, il avait de qui tenir. Mais ce gamin puait vraiment le handball.

Il fait d'ailleurs déjà quelques coups d'éclats...
C'est vrai. Je me souviens surtout d'une fois où on galérait dans un match contre Toulouse. On n'arrivait pas à débloquer la situation. Et là, Patrice le fait rentrer et il plante

2 buts qui nous font gagner le rencontre. Comme ça. À se dire : « il est quand même pas mal le petit ».

Tu sentais son potentiel ?
Ce qui est sûr, c'est que Nikola, dès son plus jeune âge, disait que s'il se battait autant à l'entraînement et sur le terrain, c'était pour être le meilleur joueur du monde. Ça a été une météorite dans ce sport et il est vite devenu une star. Il ne faut pas oublier que quelques temps après, il devenait champion d'Europe à 18 ans. Le gamin passera 11 buts à Pampelune en finale de la Ligue des champions 2003. Ça pose quand même des bases raisonnables !

Tu te retrouves donc à transmettre à ton tour ce que tu as appris à ce petit Nikola qui monte. Ça te paraissait normal puisqu'on avait fait de même avec toi ?
À Montpellier, il y avait 2 groupes : celui des vieux et celui des jeunes. J'ai toujours été très proche des jeunes. J'avais donc pas mal sympathisé avec ses parents, des gens vraiment très bien, bienveillants, et notamment Branko qui, en ancien joueur, me faisait confiance pour que je donne les bons conseils à Nikola. Branko insistait pour que Niko écoute ce que je lui disais. Je l'ai plus ou moins pris sous mon aile, je veillais sur lui. Il venait souvent à la maison, on mangeait ensemble. C'était un bon gamin. Il n'a pas changé !

C'est une de tes plus belles amitiés dans le hand ?
Oui. On est de vrais amis. Je sais que si j'ai le moindre problème, je peux compter sur lui et l'inverse est réciproque. Même si Nikola n'a, vu son statut actuel, pas franchement besoin de moi ! Il a une aura fabuleuse.

2002 est donc une sorte de retour à la normale puisque tu gagnes le titre avec Montpellier ainsi que la Coupe de France et qu'avec l'équipe de France, vous repartez sur un nouveau cycle. En revanche, la saison 2002/2003 va être celle de toutes les émotions. Ça commence avec un Mondial 2003 où tu vas glaner ta deuxième médaille internationale au Portugal. Avec quelques regrets ?
C'est une déception car on aurait pu être champions du monde sur cette compétition. On rate notre demi-finale. Pas à cause de la peur ou quelque chose de ce type, mais par un manque de finesse dans notre jeu. On manque de précision dans ce que l'on fait et on le paye cash.

Il y avait vraiment la place, selon toi ?
Je pense qu'on passe à côté de quelque chose sur cette compétition. On a peut-être manqué aussi d'un peu de chance car on réussit à battre largement la Hongrie, la Russie et on bute en demi-finale pour un petit but, 22-23, sur les Allemands. Malgré tout, ça reste la première médaille de Claude et elle lui permet de débloquer son compteur, c'est important. Ce qui est marrant sur cette compétition, c'est que c'est aussi la première de Nikola Karabatic qui arrive progressivement dans le groupe. J'aime bien le chambrer à ce propos parce qu'à cette époque, il portait des petites lunettes, sortait de l'adolescence et était loin d'être le beau gosse, le sex symbol national que l'on connaît aujourd'hui. Il a quand même quelques casseroles le beau Niko, il ne faut pas l'oublier !

Ça te fait tout de même, à toi aussi, une deuxième médaille internationale...

Que je savoure surtout parce que Patrick Cazal me dit : « jeune, profite, car ça ne va peut-être pas durer ». L'histoire nous dira la suite, mais j'ai quand même pas mal savouré.

Pas autant qu'avec le Mondial 2001 puisque, cette fois, Patrice Canayer ne vous lâche pas. Vous avez des objectifs élevés avec le Championnat, la Coupe de France, la Ligue des champions et la toute nouvelle Coupe de la Ligue. Montpellier vise la razzia générale. Cette fois, il n'y aura pas de décompression ?

On est mobilisé sur toutes les compétitions comme toujours et on réalise au final un triplé historique auquel ne manque que la Coupe de la Ligue.

Si le Championnat et la Coupe de France remportés sont dans la lignée de ce que vous aviez fait précédemment, le gain de la Ligue des champions est un événement incroyable avec Montpellier. Une première...

On réalise un parcours pas si difficile que ça avant la finale face à Pampelune. On rencontre des équipes à notre portée, même s'il nous arrive de galérer un peu face à des équipes comme Zagreb ou Ljubljana, mais comme on a les matchs retours à domicile, on s'en sort bien. Il y a eu un public fou dans la ville, notamment le jour de la finale retour sur la place de la Comédie à Montpellier.

La finale face au Pampelune de Jackson Richardson est une incroyable folie...
À l'aller, on prend une grosse valise sur place avec un - 8 (19-27) qu'il faut remonter et, derrière, on sort un match complètement fou au cours duquel on réussit à passer à cette équipe mythique, qui a gagné la compétition deux ans plus tôt et où joue Jackson Richardson, 12 buts (31-19).

Comment aviez-vous préparé ça ?
On avait séjourné au golf de la Grande Motte pour préparer le match retour et, la veille, on en a profité pour aller taper quelques balles avec Nikola. Et on avait pas mal discuté. Comme il était encore jeune et qu'il avait fait un match incroyable à l'aller avec 11 buts, je lui ai dit qu'il fallait juste se relâcher, qu'il ne fallait pas se prendre la tête et juste tout donner sur le terrain. Niko s'était même fait une ampoule à la main en jouant et était super inquiet. L'objectif, c'était d'abord de gagner le match, de ne pas perdre chez nous. Après, s'il y avait moyen de remonter le score, on ne s'en priverait pas. Et quand tu te retrouves assez vite avec 4 buts d'avance, tu te dis qu'il y a peut-être quelque chose à faire. Pendant ce match, on y a toujours cru et on n'a jamais rien lâché.

Montpellier battait de surcroît le Pampelune de Jackson Richardson...
Ça a été un coup dur pour lui car se faire battre était difficile, mais, en plus, par une équipe française. Car c'était un des premiers Français à avoir gagner une Ligue des champions à l'époque. Mais Jack est resté cool comme il l'a toujours été. Il est venu en zone mixte, il a fait le boulot.

L'HEURE DU CHANGEMENT

Après cette saison complètement folle, Montpellier voit bon nombre de ses joueurs partir. Ça a été la fin d'un cycle ?
Il y a eu pas mal de départs, c'est vrai. Voulus ou pas. Mais Montpellier n'a jamais gardé trop longtemps ces joueurs, il y a toujours eu un renouvellement permanent.

Tu as été de ceux qui sont partis après ces succès. Tu avais pas mal de propositions à ce moment-là ?
En plus de Ciudad Real, Magdebourg voulait vraiment m'avoir et me proposait même plus d'argent. Mais je ne me sentais pas d'aller là-bas car je pensais que ma philosophie, plus latine au final, s'exprimerait mieux en Espagne. Et ça a sûrement été un bon choix. J'ai toujours plus pensé à mon bien-être qu'à l'argent. Même si beaucoup de gens pensent que je suis parti comme un mercenaire. Et puis, quand tu as la qualité de vie, le projet sportif et l'argent, il est difficile de ne pas avoir envie de signer.

Quand tu quittes la France, c'est parce que financièrement et sportivement, il y a un palier difficile à franchir ?
À Montpellier et en France, j'avais clairement fait le tour. J'avais gagné des titres de champion de France, des Coupes, la Ligue des champions et j'avais été champion du monde en 2001. Il me fallait un nouveau défi et ça passait forcément par l'étranger. Par cette remise en cause. À 26 ans, tu as envie de te confronter aux meilleurs, jouer avec des stars et c'était le cas à Ciudad Real.

Le club te voulait vraiment en plus. Alors que Montpellier essayait aussi de te garder. Au point de faire venir très rapidement quelqu'un pour signer ton contrat. Ça met sous pression ce genre de situation ?
J'avais laissé travailler mon agent de l'époque, Bhakti Ong. Il avait mené les négociations pour moi avec les Espagnols, tandis que Montpellier voulait qu'on discute encore. J'ai donné mon dernier tarif au club en me disant qu'il n'accepterait jamais et ils ont dit ok. Et là, je n'y crois presque pas car j'étais prêt à rester à Montpellier. Et puis, en même temps, j'étais décidé à partir, à tenter cette nouvelle aventure.

Tu entrais dans un autre monde ?
Le directeur sportif était venu exprès avec le contrat pour que je le signe afin d'être sûr que je ne ferai pas faux bond. Il était même venu avec un chèque de prime à la signature ! En France, c'était quelque chose d'inconcevable à cette époque. C'était un geste fort de la part de Ciudad Real.

Ça a été dur de partir de Montpellier ?
Je voulais rester à Montpellier et je pensais vraiment que les dirigeants allaient faire l'effort financier pour me conserver. Les choses ne se sont finalement pas faites. Au moment de partir à Ciudad Real, l'un des arguments de Montpellier était quand même de dire : « tu as 26 ans, on te propose 4 ans de contrat, mais on prend quand même un risque avec toi car tu auras 30 ans à l'issue de celui-ci ». Je pense que j'ai quand même bien vieilli.

Le club pensait que tu ne passerais pas le cap ailleurs ?
Quand on a gagné ce triplé, Patrice Canayer m'a dit : « tu verras, ça sera très difficile pour toi de refaire ce qu'on a réussi cette saison ». Et on avait parié « un Jardin des Sens », le restaurant 3 étoiles des frères Pourcel à Montpellier, que j'y arriverais. Je l'ai donc appelé en 2008 après avoir fait le quintuplé avec Ciudad Real. Il m'a répondu que je venais manger chez lui quand je voulais. On aime bien se brancher, mais je m'entends bien avec Patrice, il n'y a aucun problème.

Tu le soulignais, on a dit de cette équipe qu'elle n'était composée que de mercenaires...
Aujourd'hui, si tu veux monter une équipe comme celle qu'on avait à l'époque, c'est quasi impossible. Et même si Kiel se promène actuellement car ils ont su maintenir leur ossature, ils ne sont pas au même niveau. Ciudad a su prendre des stars, mais aussi des joueurs en devenir qui n'étaient pas forcément payés au niveau réel qu'ils avaient. Et si ça avait été une équipe de mercenaires, d'individualités donc, ça n'aurait jamais marché. On n'aurait pas eu autant de titres. Il fallait plus que ça.

Il y avait quand même un sacré budget à l'époque du côté de Ciudad Real. Non ?
Il y a 10 ans, il fallait pas mal de budget, mais aujourd'hui, les écarts sont encore plus importants. Aujourd'hui, avoir une équipe avec des 300 000 euros par tête, ça commence à faire un sacré budget à réunir. À l'époque, les proportions étaient quand même moindres. Et puis, comme je le dis toujours, il fallait quand même y aller là-bas, s'adap-

ter, travailler dur. Mais je ne peux pas dire non plus que l'aspect financier n'ait pas compté. Quand je suis parti à Ciudad Real, je gagnais deux fois plus qu'à Montpellier et net d'impôt, donc c'était clairement plus intéressant et, sportivement, l'intérêt était plus que réel. Si tu ne saisis pas ce genre d'opportunités dans ta carrière, tu peux la rater et passer à côté de quelque chose de très grand.

Tu pars donc en Espagne avec femme et enfant. Une nouvelle vie commence. Cela a été dur de s'intégrer ?
C'est venu progressivement, mais quand je suis parti, je ne parlais pas un mot d'espagnol. J'ai eu quelques doutes avant de partir. Un jour, j'ai appelé Nikola, je n'étais pas bien. Il était en cours, il ne pouvait pas vraiment me parler, il a juste dit « Arrête de déconner, vas-y, c'est une très bonne chose » Je le savais, mais j'avais besoin d'être rassuré.

Tu te retrouves dans un des plus gros clubs européens. Tu es impressionné ?
Il me faut passer un cap et être bon car je suis un étranger et que, quand tu viens de l'extérieur, comme ça, il faut que tu démontres pourquoi on t'a fait venir et ce que tu sais faire. J'essaye donc de répondre aux attentes et de progresser.

Les aventures, elles, en équipe de France se poursuivent aussi. Avec en ligne de mire, pour cette saison 2003/2004, les JO d'Athènes. Mais avant, il y a un Euro à disputer en Slovénie. C'est une compétition mi-figue mi-raisin pour la France...

Si on n'avait pas eu autant de blessés, on aurait pu faire une médaille. Jérôme Fernandez avait été impressionnant pendant toute la compétition. J'ai une image de lui distribuant le jeu comme jamais. Un coup-ci, un coup-ça, c'était vraiment magnifique. Malheureusement, il se casse la main. Le mec en forme nous fait donc défaut. Ensuite, on a Guillaume Gille qui se fait une déchirure à la voûte plantaire et Patrick Cazal qui avait mal au genou. On avait bien commencé et après, on a rafistolé comme on pouvait avec les énergies qui restaient. On finit quand même 6e.

L'Euro, la France ne l'avait jamais remporté. C'est la compétition la plus difficile ?
Clairement. Si les Jeux olympiques ont une résonnance supérieure et qu'il y a une pression différente, à l'Euro, tu te retrouves face aux meilleures nations européennes. Et le hand est un sport européen à la base. Donc, tu as une concentration supérieure de très bonnes nations.

Vous ressortez donc de cette compétition avec des doutes, mais aussi des satisfactions. Et encore, pendant ces « breaks » en équipe de France, tu en profites pour gagner 4 titres en Espagne (Championnat, SuperCoupe, Coupe Asobal, Coupe du Roi). Tu as clairement fait le bon choix. Et viennent alors les JO d'Athènes. Un des moments les plus durs du handball français ?
Athènes est un vrai fiasco pour nous. On attendait beaucoup de ce groupe. Partout. Et on s'est lamentablement planté. Tout le monde était conscient que la faillite avait été collective. Notamment en défense parce que notre système n'était plus adapté. Ça a été une très

grosse remise en question. Et une très grosse déception personnelle. On se fait sortir de la compétition par une équipe de Russie vieillissante sur le score de 24-26. On prend une telle déroute, c'est terrible. Et le plus terrible de tout, c'est quand je vois Jack sortir du vestiaire pour aller pleurer. Il était tellement déçu. D'abord parce qu'il avait été le porte-drapeau de la délégation et qu'il voulait absolument porter au plus haut les couleurs du hand, et puis surtout parce que c'était ses derniers JO et qu'il savait qu'il ne serait jamais champion olympique. Il voulait tellement bien terminer.

Comme le disait Kennedy, la victoire a cent pères, mais la défaite est orpheline...
Tu te retrouves seul face à toi-même dans ces cas-là. Tu te poses plein de questions, mais le résultat, c'est la défaillance collective. Et tu n'as pas de réponses.

Qu'est-ce qui a manqué sur cette compétition ?
Franchement, je ne sais pas. On avait probablement une des meilleures équipes de France depuis le début de son histoire. Ma génération arrivait à maturité, les anciens Barjots étaient encore là, Nikola Karabatic s'imposait progressivement. Il y avait du talent et de l'envie. D'autant que le début de la compétition s'était pas trop mal passé : on termine premiers de notre poule en remportant nos rencontres avec de bonnes marges. Il y avait un sentiment de peur général parce qu'il ne fallait pas qu'on se plante. Ça nous a peut-être servis au début car on tombe l'Allemagne par exemple, mais derrière en quarts, on se fait battre par la Russie qui, elle, avait galéré avant et savait encore plus que nous le prix de la victoire. Aux

Jeux olympiques, ce qui importe le plus, c'est le quart de finale.

C'est un moment délicat avec les Bleus, mais tu attaques pied au plancher ta 2e saison avec Ciudad Real.
Je suis là-bas pour ça. J'ai fait une première saison correcte, mais j'ai encore tout à prouver. On joue sur plein de tableaux différents et on veut gagner un maximum. Je ne me ménage pas comme ça. Malgré tout, cette saison ne sera pas la meilleure avec Ciudad Real. On ne gagnera que la Coupe Asobal.

Là-bas, comme à Montpellier, tu es constamment en transit. Avec le Championnat, les Coupes, la Ligue des champions, mais aussi l'équipe de France évidemment. On ne se rend pas toujours compte à quel point cela peut être prenant d'être sportif de haut niveau. Le rythme doit être très intense dans un tel club ? Qu'est-ce que tu fais quand tu es en déplacement ?
On ne s'arrête jamais vraiment, en fait. Quand tu joues pour un club européen avec deux matchs par semaine, tu es toujours parti, sur la route. Tu vois peu tes enfants et quand tu rentres le soir, après les entraînements, il t'arrive d'être vraiment lessivé physiquement. Ce n'est pas toujours simple d'être alerte, disponible. Alors que tes enfants voudraient aller au parc, sortir, toi tu veux juste te poser chez toi car tu as été en transit pendant 5 jours de suite. Ça ronge à certaines périodes cet éloignement, ce manque de disponibilité, notamment dans des périodes-clés de l'année comme le mois de décembre. À ce moment-là, tu es pris

par toutes les compétitions. Tu peux te retrouver à enchaîner jusqu'à 15 jours à l'extérieur.
Avec l'âge, j'essaye de récupérer au maximum entre les matchs, les entraînements et les déplacements. Je jette l'ancre, comme on dit, en dormant le plus possible car, quand je suis à la maison, je suis pas mal pris par les enfants, ma femme. Il y a toujours quelque chose à faire. Pour moi, sortir, c'est dépenser de l'énergie que je ne mettrais pas sur le terrain. À la maison, tu as ta vie de tous les jours, mais il faut réussir à ne pas s'éparpiller.

En club, tu es du genre à vouloir gagner sur chaque petit jeu au quotidien ou tu ne te concentres que sur le hand ?
Si c'est dans le cadre d'une activité avec le club, je ne supporterais jamais de perdre. Un petit foot, un concours de penalties. Mais à partir du moment où je sors du contexte club pour aller faire autre chose, comme du volley, j'accepte un peu plus la défaite, sauf si les adversaires veulent à tous prix me battre pour « s'être fait » Didier Dinart. Là, il ne faut pas pousser.

Côté sportif, tu as des petits tics, des habitudes qui t'aident dans ta préparation et dans tes matchs ?
Il faut que j'aie toujours deux spongers noirs et ma jambière noire, sinon je ne suis pas bien. Si le sponger est blanc, je me sens un peu mal à l'aise. J'en ai déjà barbouillé un avec un feutre, car je n'avais que ça sous la main. La jambière, je l'ai gardée depuis que je me suis fait une déchirure au mollet gauche. D'abord, j'avais des straps, puis une jambière bleue avec laquelle j'ai longtemps

joué. Quand j'ai trouvé la noire, c'était enfin parfait. C'est presque devenu une superstition de la garder et un peu par style.

Et si tu ne l'as pas dans ton sac ?
Je ne suis pas bien. Heureusement qu'en club, j'avais mon partenaire suédois Jonas Källman qui pouvait me dépanner. Du coup, je lui pique la sienne, je la retourne pour qu'elle soit plus sombre et je mets du strap noir dessus. Mais ce n'est pas la même chose. C'est pourtant rare que j'oublie car j'ai toujours le même rituel de préparation pour mes affaires : chaussures, chaussettes, slips, spongers, jambière, protège-dents, tee-shirt, survêtement, serviette. Le gel douche, je le pique aux autres dans le vestiaire !

Au cours de cette saison 2004/2005, la France va jouer un nouveau Mondial en Tunisie qui est le crépuscule d'une époque. Celle des Barjots. Et qui a failli être celui de Claude Onesta. Pourquoi ?
C'est une compétition qui s'est déroulée dans un contexte très difficile avec une ambiance survoltée. On perd d'entrée à la surprise générale face aux modestes Grecs, 19-20. On se retrouve derrière eux au classement. Là, on essaye de relativiser parce qu'on se dit que les Grecs ont fait le match de leur vie, qu'ils vont se faire battre par les Russes. Mais non, ils remettent ça et nous, on est toujours derrière. On galère. Et les mecs nous énervaient car ils se la racontaient après avoir tapé les deux équipes. On les voyait, à l'hôtel, avec leurs cheveux gominés et leurs lunettes de soleil. On avait vraiment envie qu'ils redescendent sur terre. Ils méritaient des baffes car c'était quand même

une méga surprise de les voir à ce niveau. Claude était sous pression car, sans médaille, il risquait de sauter.

Ce sont finalement les Tchèques qui vont remettre tout dans l'ordre. Une victoire qui permet à la France d'aller en demi-finale et peut-être de bâtir ce qui sera la suite grandiose de son histoire.
Les Tchèques, qui ne sont pas du genre à transiger et que l'on connaît bien puisque il y a plein de joueurs dans le Championnat de France, n'ont plus rien à jouer, mais veulent finir le plus haut possible dans ce Mondial. En gagnant, ils mettent fin aux rêves des Grecs et c'est nous qui allons en demi-finale. Là, on se fait broyer par les Croates et on joue finalement la 3e place face aux Tunisiens.

Un match terrible…
Dès l'entame, on se prend des coups de partout et on rejoint les vestiaires loin derrière. Et en seconde mi-temps, on se réveille progressivement. « Doudou » Karaboué fait une super partie et on arrive quand même à remporter cette médaille de bronze qui sera vraiment importante dans notre progression. C'est une médaille qui signifie beaucoup parce que l'aventure humaine qui y est liée est très forte.

Jackson annonce d'ailleurs lors de cette compétition qu'il va arrêter.
C'est une page qui se tourne pour cette équipe et notre génération va devoir voler toute seule de ses propres ailes.

L'après 2005 est charnière pour ce groupe France ?
En quelque sorte, car après avoir mis du temps à trouver son équilibre et obtenu des résultats, l'équipe perd Jackson Richardson, Guéric Kervadec et Grégory Anquetil. Il n'y avait plus de Barjots et certains ont eu l'impression que tout allait s'écrouler. Des spécialistes disaient même que l'équipe de France avait mangé son pain blanc et que les mauvais jours allaient arriver. Mais au final, le groupe s'est plus responsabilisé. On était investi d'une mission et chacun a essayé de prendre une place différente. Nikola a ensuite éclos et Claude nous a laissé plus de liberté pour que l'on puisse tous s'exprimer individuellement et collectivement, car l'Euro 2006 qui arrivait était le jugement ultime. La question était de savoir si, maintenant que les anciens étaient partis, on serait capable de relever la tête et d'assumer. On est tous parti sur un projet collectif et sur la nouvelle manière de fonctionner avec beaucoup d'échanges.

À Ciudad Real, une nouvelle paire de coachs est intronisée à la tête de l'équipe : Talant Dujshebaev et Raúl González. Et ils te demandent de révolutionner ton jeu ?
J'ai tout réappris pour penser différemment mon poste et ma façon d'appréhender le handball. Afin d'agir d'une autre manière pour pouvoir apporter plus à mon équipe. Grâce à ces deux brillants coachs, très pointilleux et capables de répondre à mes interrogations, j'ai trouvé une nouvelle confiance dans les possibilités et techniques qui s'offraient à moi. Le plus grand plaisir pour un défenseur n'est pas de faire plier physiquement l'adversaire, c'est de lire dans ses yeux l'abandon, lire qu'il a perdu mentale-

ment la partie parce que toutes les voies sont bloquées. C'est ce que j'ai appris avec eux. J'ai aussi compris qu'en tant que défenseur, si tout était bien en place autour de moi, que chaque zone était couverte, je pouvais, moi aussi, et sans m'appeler Jackson Richardson, intercepter des balles. J'ai vraiment démarré à partir de ce moment-là une réflexion de fond sur l'art de la défense et mon rôle de chef d'orchestre.

Talant et Raúl ont beaucoup apporté à ton jeu…
Avant de les pratiquer comme coachs, j'étais instinctif dans mon jeu. Je savais à peu près comment il fallait que je me place, ce que je devais faire et j'improvisais. Dès que ça a été plus théorisé, que l'on a travaillé tout cela ensemble, ça a été encore plus facile pour moi d'évoluer. Car je savais ce que je devais faire à tel ou tel moment en fonction de ce que faisaient mes partenaires et mes adversaires. Et mes partenaires ont aussi appris à s'adapter aux situations et à ce que j'étais censé faire.

Ça a dû être très difficile de reprendre tout depuis le début. Tu as accepté de changer facilement ?
Le seul qui pratique un sport individuel et qui peut être un peu à part dans le handball, c'est le gardien. Car il fait quelque chose de bien différent et même s'il a besoin de ses partenaires pour défendre son but, il peut être géré d'une autre manière qu'un défenseur, un arrière ou un demi-centre. Il peut rester concentré uniquement sur sa performance individuelle. Après, il faut que chaque joueur, avec toutes les qualités qu'il a et ses savoir-faire, comprenne qu'il a besoin des autres pour pouvoir s'exprimer sur le terrain. Car si tu n'es pas à la disposition de tes parte-

naires, ça peut vraiment faire exploser l'équipe. Mais ça, ça dépend aussi beaucoup de l'entraîneur que tu as. Un bon coach est celui qui va permettre à un groupe d'être équilibré. Par exemple, un coach qui se laisse bouffer par ses joueurs sous prétexte qu'il y a des stars dans son groupe et qu'il ne faut rien leur dire pour ne pas les vexer, ça ne mène jamais à rien.
Et comment un entraîneur peut-il gérer un groupe où il y a beaucoup d'égos et de très bons joueurs ? Il faut juste qu'il soit compétent et qu'il maîtrise son sujet. Ça paraît simple dit comme ça, mais ça n'est pas toujours le cas. Le truc typique, c'est quand un joueur va poser une question à son coach et que celui-ci n'est pas en mesure de lui apporter une réponse claire et précise. En revanche, si tu peux montrer au joueur ce qu'il faut faire, lui démontrer pourquoi il a eu tort de faire telle ou telle chose, là tu peux tenir un groupe. Et Talant et Raúl étaient incontestables sur ce point.

Il y a une sorte de domination par le savoir…
Je pense que ce savoir est indispensable car, sinon, le joueur n'aura pas de respect pour l'entraîneur. Un joueur peut faire de bonnes choses grâce au travail qu'il a effectué, l'expérience qu'il a acquise etc. Mais, s'il se retrouve coincé et que le coach ne sait pas le décoincer ou ne lui donne pas les bonnes pistes pour le faire, il se fera bouffer progressivement. Car le joueur ne le trouvera pas à la hauteur et ne lui fera pas confiance.

Ta connaissance, ton travail, ils viennent d'où ? Tu es un dingue de vidéo ? Tu en regardes beaucoup, tout le temps ?
Le staff dissèque la façon dont jouent les équipes que l'on affronte en faisant des compilations, mais j'ai surtout confiance dans le système défensif que l'on met en place. Quand je fais des séances vidéo plus perso, c'est surtout pour m'intéresser aux nouveaux joueurs afin de connaître leurs points forts. Savoir si le gars va être bon à la passe, quel type de passe il préfère, en haut ou en bas, s'il est bon en un-contre-un, s'il va interne ou externe. Mais c'est d'abord le rôle de l'entraîneur de préparer des éléments pour nous informer des points forts de nos adversaires et ensuite, d'établir, selon lui, les tactiques à mettre en place qui seront les plus efficaces pour gagner la rencontre. En étant le plus directif possible pour que sur le terrain, même s'il y a évidemment la part de science personnelle, on sache comment aborder les choses. Quand tu sais ça et quel système utiliser, tu n'as plus qu'à jouer.

Lors de cette intersaison, les choses ne vont pourtant pas très bien pour toi côté perso...
En 2005, ma femme ne supporte plus Ciudad Real. D'août à décembre, les choses vont vraiment très mal et elle décide de rentrer à Montpellier. La séparation est assez douloureuse. Je ne voulais pas faire vivre à ma fille ce que mon père m'avait imposé. Alors, j'ai supporté. J'ai supporté jusqu'au jour où j'ai décidé d'arrêter les frais. La vie, ce n'est pas d'appartenir à quelqu'un.

Ça a été une période très difficile pour toi. Et c'est le terrain qui t'a permis de faire face finalement. Que ce soit avec le club ou l'équipe de France...
Les entraînements, les matchs me permettent de m'occuper. Et comme je révolutionne mon jeu, il y a pas mal de travail à faire. Mais ça, c'était un travail quotidien, de fond, un peu plus pénible. Concernant l'Euro, l'aventure humaine, les sensations, ça a été une compétition très importante pour moi et un résultat qui m'a fait beaucoup de bien. Car le seul endroit où j'étais bien, c'était sur le parquet, avec mes partenaires. Je me sentais vraiment à ma place, exister et je n'avais qu'à me concentrer sur ce que je sais faire de mieux : jouer. Mais ça n'est pas simple. Pendant la compétition, je dors peu et je suis à moitié somnambule. Au point d'effrayer mon partenaire de chambre de l'époque, Olivier Girault. Il m'a raconté qu'une nuit, je me suis levé, que j'ai tourné dans la pièce et que, dans son sommeil, je suis venu me coller à son visage, nez à nez pour lui parler alors que je dormais complètement. C'était un moment très drôle.

Pourquoi, cette fois, la France a réussi à remporter cette compétition, la plus difficile au monde, qui lui échappait depuis toujours ?
Sportivement, on a abordé cet Euro comme le Mondial 2001. Avec une pression incroyable et avec le sentiment d'être attendu au tournant et que, si ça ne se passait pas bien, des têtes allaient tomber. On s'est battu à chaque instant et de toutes les compétitions que l'on a faites, je pense que c'est celle qui, handballistiquement, aura été la plus belle de toutes. On fait notamment un

dernier carré très costaud. Et notre système en défense est très efficace. On domine en finale l'Espagne sur un score large de 31 à 23.

C'est ce système qu'Onesta t'a demandé de mettre en place avec les Bleus dès 2006 ?

À cette période, Claude décide de mettre plus de démocratie dans l'équipe de France et veut que chacun puisse s'exprimer au mieux. Car après 2004 et 2005, on a besoin de quelque chose de nouveau. De plus costaud. Avec Sylvain Nouet et Claude Onesta, nous adaptons ce qui est fait à Ciudad Real en le mixant avec les qualités de travail, en homme à homme, développées par le système français. Le tout est de garder la position, de respecter les secteurs et de mettre derrière l'intensité nécessaire. À partir de cet Euro 2006, j'apporte mes connaissances à ce système de défense. C'est un statut un peu particulier, mais je suis surtout un chef d'orchestre et je dépends de la partition jouée par mes partenaires.

Sport+
3
HANDBALL
isanat
entreprise de France
J. FERNANDEZ
2
Elyo
suez
RMC
INFO TALK SPORT

L'HOMME ORCHESTRE

Et c'est à partir de là que la touche de Claude Onesta va vraiment prendre de l'ampleur ?
Claude Onesta et Sylvain Nouet ont su tirer le meilleur de l'équipe de France. Un entraîneur, qui reste par essence sur le banc, a toujours besoin d'un relais sur le terrain, d'un porte-parole en qui il a confiance. Et c'est en harmonie qu'on a trouvé avec Claude Onesta et Sylvain Nouet un nouveau fonctionnement en défense. Daniel Costantini nous avait donné le temps de jeu, avait misé sur nous, sur nos potentiels. De son côté, Claude a eu des joueurs aux potentiels déjà bien avancés et les a responsabilisés.

Comment agis-tu auprès de tes partenaires ?
Si on prend un but, c'est qu'on n'a pas été bon en défense. Comme je ne suis jamais satisfait, j'ai toujours quelque chose à dire à mes partenaires pour qu'on atteigne le meilleur rendement possible. Ensuite, en attaque, pour moi, les jeunes joueurs n'ont pas le droit de faire des roucoulettes, des chabalas ou des grigris de n'importe quelle nature avant d'être vraiment considérés comme des cadres. Il faut d'abord prouver, acquérir la confiance du groupe pour ensuite se permettre quelques fantaisies. Mais il faut que tout cela reste dans un souci d'efficacité. On peut faire du spectacle, mais on est avant tout là pour gagner. Célébrer un but en contre-attaque alors que, juste avant, tu as fait une grosse cagade défensive que tes partenaires ont réussi à rattraper, ce n'est pas forcément opportun.

Il faut de l'autorité pour être autant écouté. Qu'est-ce que tu as de plus ?

L'autorité, elle vient progressivement. Je suis « un patron de jeu » depuis 2006. Et cela est venu parce que j'ai quelque chose à apporter aux autres. Je donne du biscuit, comme on dit. J'essaye d'être constructif et de ne pas parler à tort et à travers. Si tu engueules un type sans avoir de message à faire passer, tu es un con, rien de plus. Si tu es constructif, tu es un patron et quelqu'un de respecté.

Ça marche pareil avec des partenaires comme Nikola Karabatic, Daniel Narcisse ou Jérôme Fernandez ?

Il n'y a jamais de contestation de qui que ce soit. Mon système défensif est compris et accepté. Mais ça n'empêche pas l'échange. Ça m'arrive de me faire un peu engueuler. La critique fait avancer dans tous les cas.

Cette méthode de responsabilisation du groupe n'était pas possible dans le passé ? Les mentalités étaient différentes ?

Daniel le dit lui-même, il a eu du mal à faire la transition entre les Barjots et les générations suivantes.

Le résultat a été au rendez-vous alors qu'avant de partir à cet Euro, les joueurs ont mené une fronde contre la Fédération concernant les indemnités de présence. Pourquoi ?

Malgré les titres et les médailles acquis, le bilan de ce côté n'était pas très bon et, collectivement, on a décidé de s'en ouvrir à la Fédération. Mais on n'a pas voulu faire de blocage particulier avant la compétition. On a ouvert le débat avant de partir et, sur le terrain, on a voulu démontrer que l'on méritait que les choses évoluent dans notre sens. On est parti à l'Euro 2006 en disant « on verra plus tard » et on a fait le boulot.

Qui a été chargé de la discussion ?
On était deux pour échanger avec les dirigeants. Olivier Girault, parce qu'il était le capitaine, et moi parce que j'étais celui qu'on envoyait pour ce genre de choses car je suis plutôt du genre à m'accrocher aux demandes que l'on me fait.

Ça a été houleux ?
Non, pas du tout. Car on a eu en face de nous des gens qui savent entendre les demandes et qui savent que l'équipe de France est aussi la vitrine de la Fédération. Les discussions n'ont jamais été tendues, à aucun moment. On a juste soumis nos idées qui ont ensuite été acceptées. Et ensuite, on a négocié !

Il y avait des discussions financières, mais aussi des demandes concernant la médiatisation de la discipline...
On voulait vraiment que les choses bougent dans leur ensemble. Que notre statut et nos primes soient revalorisés notamment, mais pas seulement. On voulait aussi être plus présent dans les medias, que notre travail et notre palmarès soient encore plus valorisés. Et on a surtout constaté que la meilleure façon de faire bouger les choses dans ce sens, c'était de gagner.

Concrètement, ça représente quoi financièrement parlant ?
En équipe de France, l'indemnité journalière est de 250 € par jour et, si l'on gagne une médaille d'or aux JO, c'est 100 000 € de prime. Le CNOSF donne 50 000 € pour la médaille d'or qui sont doublés par la Fédération. Et, en général, pour les Mondiaux et les Europe, c'est 50 000 € pour la médaille d'or. En 2001, au Mondial en France, on avait dû toucher quelque chose comme 200 000 francs.

Il y a donc eu une vraie évolution...
La Fédération est à notre écoute et sait investir sur ses sportifs. Ce qui est remarquable par ailleurs, c'est que le traitement des filles est le même que celui des garçons. Et c'est plus que justifié parce qu'on fait la même discipline et que leurs sacrifices sont les mêmes que les nôtres.

À cette époque, avec cette victoire des Bleus, ta côte en Espagne est au maximum. Ça te sert ?
C'est la première vraie occasion pour moi, en dehors des résultats collectifs de club, où je peux m'affirmer auprès de mes partenaires et de mes dirigeants. Car j'ai dépassé le stade du joueur un peu fou et jeune pour devenir un vrai patron. Car, avec les Bleus, j'ai réussi à transposer des choses que j'avais apprises à Ciudad Real dans les mois précédents. Et tout le monde a bien vu que l'on avait su s'adapter assez rapidement, en travaillant dur, aux spécificités de nos adversaires.

Et tu reprends aussi goût à la vie quelques temps après, à mesure que Ciudad Real se dirige vers une saison historique avec une nouvelle Ligue des champions à ton actif...
On gagne cette Ligue des champions au bout d'une campagne européenne incroyable. Il y aura aussi d'autres Coupes, mais pas de Championnat. Je suis sur un petit nuage.

Et tu vas croiser un cœur à prendre, dans l'entourage du club, que tu ne lâcheras pas...
C'est une période assez drôle puisque je rencontre Lucia, qui est la sœur d'un proche du club au cours d'un déjeuner. Et je craque complètement pour elle, mais je ne sais pas si elle est disponible ou pas. Pendant le repas, je me renseigne par texto auprès des autres personnes qui sont autour de la table et ça rigole un peu entre nous. Mais son frère me « grille ». Il y a un petit rappel à l'ordre de sa part, mais j'apprends quand même qu'elle n'a personne. Ça fait déjà un bon point. Et je ne veux pas en rester là.

Et tu fais quoi ?
En déplacement pendant un match de Ligue des champions, j'ai un peu de temps avant le match et je vais avec mon partenaire de chambre, David Davis, chez un fleuriste pour lui faire envoyer des fleurs. On y passe deux heures parce que je veux vraiment faire le bon choix, envoyer un mot qui aille bien. Je n'ai jamais envoyé de fleurs de ma vie avant ce jour-là. J'hésite vraiment et j'écris quelque chose comme « j'ai apprécié ta façon d'être, j'aimerais te revoir ».

Et ça a marché !
Oui. Et maintenant, je suis très heureux avec ma femme. On a un petit garçon, Alejandro, et tout se passe bien !

En 2007, la France va une nouvelle fois partir en compétition avec une grosse pancarte dans le dos. En Allemagne, vous allez disputer un Mondial qui sera une des plus grandes frustrations de l'histoire du hand hexagonal. Vous auriez déjà pu faire un doublé ?
Je ne sais pas, mais on part là-bas avec une très grosse pression. On est d'une part les champions d'Europe en titre, mais aussi parce que les Français qui jouent outre-Rhin sont particulièrement exposés. Malgré tout, on assure notre rang pendant le début de la compétition et on arrive en demi-finale contre les Allemands.

Vous jouez donc les organisateurs de la compétition pour une place en finale. Avec un arbitrage partisan ?
C'est tellement la folie au niveau de l'arbitrage qu'à un moment, alors que je parle avec un des arbitres, celui-ci me dit, dépassé par les événements et parce qu'il sent qu'ils ont fait n'importe quoi depuis le début du match : « à partir de maintenant, je vais siffler kif-kif. » Là, tu te dis qu'il y a quelque chose qui cloche. Et ensuite, arrive le fameux but refusé à Michaël Guigou qui nous prive de la séance de penalties. Alors que son tir est tout à fait valable. On s'est vraiment fait voler par les Allemands. Ça a vraiment été quelque chose de terrible, un scandale international. Après, on y est plus du tout et on explose lors de la petite finale face au Danemark, 27-34. Ce qui démontre que le

Danemark sera un adversaire de choix pendant les prochaines campagnes.

À partir de 2007 et ce Mondial frustrant, Claude Onesta déclare qu'il ne veut plus jamais revivre ça. Il décide d'étoffer le staff en intégrant pleinement Alain Quintallet que tu connais bien. Pour quelles raisons ?

Alain était déjà là régulièrement, mais Claude souhaite vraiment élargir le staff et spécialiser les tâches pour que l'équipe continue de progresser. Alain est donc chargé de la préparation physique pour nous permettre de passer un cap physiquement afin que l'on domine dans ce secteur nos adversaires. Avec lui, la vidéo et tout ce qui va autour, on a senti que l'équipe de France passait aussi encore un cap en terme de professionnalisation. Car un entraîneur n'est pas forcément un préparateur physique et avoir des gens spécialisés permet d'avoir plus d'échanges, d'informations. Et je pense que ça nous a permis d'aller encore plus loin dans la performance.

La rivalité avec l'Allemagne a toujours été très forte. Notamment avec Heiner Brand, le coach allemand. Il a été dur avec toi ?

Une fois, on s'est chiffonné verbalement sur une compétition pendant une partie et, après, les choses se sont enchaînées. Quand l'Allemagne a remporté le Championnat d'Europe en 2004, il a commencé à déblatérer sur moi dans la presse. Il m'accusait de ne pas savoir jouer, d'être un boucher pour me décrédibiliser. Il pensait que son statut de champion d'Europe pouvait lui permettre de dire tout et n'importe quoi. J'ai fait le dos rond et je n'ai pas répondu. J'avais clairement les boules car, dans son équipe, il a quand même des gars comme Oliver Roggisch qui ne sont pas réputés pour être des tricoteurs de napperons. Et j'ai attendu que l'on se mette à gagner avec les Bleus pour prendre ma revanche. Mais pas en parlant de lui dans la presse, juste en allant le saluer, bien poliment, à chaque fois que je le croisais. Et maintenant, c'est lui qui vient toujours vers moi pour me saluer.

Le seul truc sympa sur cette compétition, c'est ton anniversaire puisque tu es né le 18 janvier. Tu n'en as pas marre de toujours fêter ton anniversaire avec ces gars-là ?
C'est un calvaire ! Je préférerais être en famille pour ça. Et tu verrais les cadeaux Celui qu'il y a à chaque fois, c'est la tournée que je dois offrir à l'équipe. Selon les lieux où on joue, ça coûte plus ou moins cher en bière !

L'avantage, c'est que tu as des images de ton anniversaire à chaque fois...
Il faudrait d'ailleurs que les télés me fassent un best-of des dernières années.

Après 7 ans à la tête de l'équipe de France et avec un groupe qui compte désormais des joueurs à maturité, comme tu le disais, Claude Onesta a un objectif à remplir sur la saison 2007/2008 : les JO de Pékin. Seul Graal à se refuser à la France. Si tu continues ta balade dans ce qui est le meilleur club européen, raflant un maximum de titres sur ton passage, toi aussi tu rêves de cette médaille d'or olympique. Mais avant

d'aller la conquérir, la France doit défendre son titre à l'Euro 2008.

Sur cette compétition, on est encore l'équipe à battre puisqu'on est les tenants du titre et que tout le monde se souvient du vol des Allemands lors du Mondial 2007. On fait un très gros début de compétition en sortant premier de notre tour préliminaire en battant la Slovaquie, la Suède et l'Islande. On arrive donc avec un maximum de points pour le tour principal où on s'impose face à l'Espagne et l'Allemagne, mais en butant sur la Hongrie. On se retrouve alors à devoir jouer la Croatie en demi-finale. Et là, ce match, avant qu'il ne commence, je ne le sens pas. Je ne sais pas pourquoi et je me mets à douter.

Tu crois que c'est le doute qui vous fait perdre alors que vous avez su bien tout gérer jusque là ?

Ce n'est pas tant le doute lui-même. Je doute quand je ne sens pas l'équipe à son maximum. Si je sens que le mec qui est à côté de moi est en confiance et que tout le monde est bien, je ne doute pas. Mais si je sais qu'il y a 2 ou 3 mecs qui sont un peu à la traîne, que je ne suis pas tout à fait rassuré par ce qu'ils font à l'entraînement ou en match, je me sens moins. L'incertitude crée le doute.

Du coup, vous perdez vos moyens face à la Croatie. Pourquoi ?

Je ne me l'explique toujours pas. Les gars nous transpercent alors qu'on ne les sent pas si forts que ça et on est incapable d'inverser la tendance. On fait un match pourri et, pourtant, on n'est pas si loin que ça sur la fin. Ça se joue à rien, on s'incline 23-24.

Vous perdez votre titre face aux Croates, mais vous retrouvez une équipe en petite finale que vous ne pouvez pas laisser gagner : les Allemands.
On fait une grosse compétition dont on ressort avec une honorable médaille de bronze que l'on remporte face aux Allemands lors de cette petite finale. On s'impose de 10 buts, proprement et on prend une belle revanche par rapport au Mondial. Mais on va dire que le contexte y est aussi sûrement pour quelque chose puisque, cette fois-ci, on ne jouait pas chez eux.

Avec Ciudad Real, tu vas vivre une saison de folie puisque vous allez de nouveau remporter la Ligue des champions, mais aussi le Championnat et des Coupes pour un quintuplé inédit et quasiment inégalable. Comment est-ce possible ?
On avait une véritable équipe de stars et avec Talant et Raúl, on savait où on allait. Que ce soit en attaque ou en défense. Avant chaque match, on a toujours mis au point nos techniques pour contrer tel ou tel adversaire. Et chacun savait ce qu'il avait à faire. J'étais leur chef d'orchestre pour la défense et chacun jouait sa partition en fonction des choix définis en amont du match et de mes ordres sur le terrain. Quand tu joues avec des joueurs de ce type et un staff de ce niveau, c'est vraiment grisant et tu ne peux faire autrement que de gagner car il y a un temps d'avance budgétaire, technique et de fonctionnement qui fait la différence.

CINQ ANNEAUX POUR TOUS LES UNIR

Vient alors cette campagne olympique 2008 qui va sacrer cette équipe des Experts. Ça commence par une préparation scrutée avec grande attention. Avec quelques anicroches aussi, notamment concernant Cédric Burdet. Pourquoi ?
Il y a toujours une très grande attente autour de cette équipe car des médailles sont régulièrement gagnées. On a remporté l'Euro, mais l'impact que peut avoir une médaille aux JO serait bien plus fort alors que la compétition est moins compacte. Et cette fois-ci, ça semble être le moment ou jamais. Dès la préparation à la Toussuire, ça travaille vraiment très dur. On parlait peu et le bruit qu'on entendait le plus, c'était celui des haltères. On était tous très concernés.
Concernant Cédric Burdet, il y avait des doutes. Certains pensaient qu'il était peut-être un peu moins investi, en-dedans, mais Claude a voulu parier sur lui. Et l'histoire démontre que Claude a eu raison de l'emmener à Pékin car, en demi-finale face à la Croatie, il est incroyable et il nous met sur orbite pour la finale face à l'Islande.

Vous partez aux JO avec un statut de favoris et surtout une équipe de France qui possède des talents incroyables. C'est une contrainte d'être toujours autant attendu ?
C'est plaisant et un privilège de jouer avec des gens aussi talentueux que Luc, Nikola, Thierry, Bertrand, Micka et tous les autres de l'équipe car tu sais qu'avec des gens comme ça, tu vas pouvoir aller chercher des titres. C'est quand même une chance de tomber avec une telle génération de bons joueurs plutôt qu'à un autre moment. Ça démontre que j'ai une bonne étoile. Tu as de très bons

techniciens qui n'auront jamais la chance de gagner autant de titres que nous parce qu'ils ne sont pas tombés au bon moment au bon endroit. Ça compte aussi.
Ce qui est le plus plaisant surtout, c'est que tous les gars de cette équipe de France sont des stars chacun dans leur domaine. Mais, dans leur regard, il y a toujours beaucoup de respect pour leurs partenaires. Pour ce que cette équipe représente. Je suis un joueur de l'ombre et quand les gars me regardent avec ces yeux-là, c'est la plus belle marque de respect et d'affection que je peux recevoir. Quand Bertrand Gille, qui a un caractère bien trempé et qui n'est pas très expansif, vient me demander des conseils sur la défense, c'est fort.

Les JO ont toujours été une telle pression pour les Bleus qu'à Pékin, en 2008, vous n'êtes pas loin de laisser filer un match face aux Polonais pour vous choisir un destin qui aurait pu vous faire rater la médaille d'or…

Ce qui s'est passé pendant France-Pologne, c'est de ma faute. Je voulais tellement gagner les Jeux que j'étais prêt à tout. Ça ne m'était jamais arrivé de ma vie de perdre un match exprès ou d'arranger les choses, mais ça a bien failli se produire ce jour-là. Mathématiquement, si on gagnait notre match face aux Polonais, on était sûr d'être premiers de notre poule. Dans le même temps, nos adversaires n'avaient pas plus envie que ça de gagner pour terminer 2e et se retrouver à jouer contre l'Islande qu'ils estimaient plus à leur portée. Tout allait bien. Mais je me dis que c'est peut-être une bonne stratégie de jouer les Islandais, car sinon on va se retrouver face aux Russes, et qu'on devrait peut-être laisser filer le match. Les Russes nous avaient en effet battus lors de la précédente olympiade au même stade de la compétition. Je vais donc voir Claude Onesta en début de match et je lui dis qu'il ne faut pas qu'on gagne car sinon, au tour suivant, on va les rencontrer, que l'on risque de faire un complexe et de perdre encore une fois. Claude m'engueule et me dit d'aller jouer. J'en parle aux gars autour de moi pendant qu'on joue, ça fait son chemin, mais on décide de ne pas le faire et de rester droits dans nos bottes. Et je pense que l'on a parfaitement eu raison de respecter l'éthique sportive car les Polonais ont perdu contre les Islandais, dont on a disposé en finale.

Tu entretiens une relation spéciale avec Claude Onesta. Vous vous chambrez pas mal. Pendant les matchs et même en conférence de presse devant les journalistes. Pourquoi ?
C'est une vieille histoire. Je suis toujours pessimiste sur ce que l'on fait et je suis très tendu, angoissé. Je passe mon temps à râler pendant les matchs, à commenter. J'ai toujours peur que les choses nous échappent. On s'engueule sur certains choix. Mais sans jamais dépasser la limite.

Le manque de considération à l'égard de l'équipe islandaise aura peut-être un peu perdu ses adversaires. La France n'a pas eu la même attitude en respectant l'Islande avec par ailleurs de belles attitudes à la fin du match...
Quand on gagne, je suis vraiment très heureux. Un truc incroyable. C'est normal, on réalise l'exploit qu'on attendait tous, même si la victoire face à l'Islande, 28-23, s'est peut-être dessinée plus vite que d'autres dans ce tournoi.

On a fait la rencontre qu'il fallait. Parce qu'on savait qu'on était meilleur qu'eux, mais qu'il ne faudrait pas faire comme les autres à les prendre de haut. Mais, avant de fêter tout ça, je vais aussi prendre dans mes bras Sigfus Sigurdsson, le pivot adverse. Les mecs sont en larmes parce qu'ils ont tellement investi, comme nous, dans cette compétition… J'essaye de lui remonter le moral en lui disant que ce qu'il vient de faire, ramener une médaille d'argent dans son pays, c'est quand même fabuleux, qu'ils vont être des héros.

Sur des JO, tu arrives à profiter un peu de l'événement ou pas du tout ?
Non. Sinon, tu te disperses. À Pékin, on était juste allé voir la Muraille de Chine, au début. En revanche, ce qui est agréable, c'est que quand tu joues ta finale, ça se passe en toute fin de compétition et que tous les Français présents sont derrière toi. Les médaillés viennent te voir, il y a un gros soutien et ça porte un peu plus. C'est impressionnant. Les filles de l'équipe de France déjà, mais aussi pas mal d'autres athlètes étaient venus assister au match. Tout le monde y croyait.

À Pékin, vous tuez définitivement l'esprit, parfois pesant, des Barjots, en obtenant la médaille d'or que tout le hand français attendait depuis si longtemps ?
Il n'y avait pas une recherche spéciale dans ce sens. En 2006, on a remporté l'Euro alors que personne ne l'avait fait avant. Et ce qu'ils ont fait, à leur époque, est tellement respectable qu'il n'y a pas d'envie de « tuer » qui que ce soit. Ce que je vois dans cette médaille d'or à

Pékin, c'est surtout le tremplin de ce qui s'est passé ensuite. De cette domination que l'on a connue.

Qu'est-ce qui se passe après cette médaille d'or olympique ?
Je décompresse complètement à tel point que, comme j'avais un début de grippe depuis quelques jours, je suis pris d'une fièvre énorme. J'avais mal partout, j'avais froid, je tremblais. Et il fallait quand même que je participe à la fête, que j'aille avec les gars sur les plateaux, qu'on fasse les photos alors que je n'en pouvais plus. J'avais tellement envie d'être dans mon lit.

Cette médaille d'or déclenche une vague continue de sollicitations. Médias, politiques, tout le monde vous veut...
On répond avec plaisir à ce genre de choses et, quand on va sur les plateaux, on essaye de mettre une bonne ambiance, de donner une belle image de notre sport car on sait que c'est important pour son développement. Même si je trouve qu'on est resté très sage à Pékin avec les télévisions. Ensuite, quand on rentre à Paris, il y a les sponsors et la visite chez le président de la République Nicolas Sarkozy à l'Élysée, où il décide de nous recevoir. Et après, on part tous dans notre coin pour souffler et reprendre notre saison avec nos clubs respectifs.

Bien vite pourtant, les Bleus vont repartir en campagne pour un Mondial croate qui sera historique. Mais d'abord, il faut régler un souci, car en 2008, Olivier Girault va prendre sa retraite et il faut trouver un nouveau capitaine. Jérôme Fernandez a été choisi alors que tu aurais pu prétendre à cet honneur. Ça a été une déception pour toi ?
Être capitaine n'était pas forcément quelque chose qui m'intéressait. L'idée m'a forcément frôlé l'esprit puisque j'étais dans cette équipe depuis un long moment déjà. Jérôme a été choisi et c'est très bien comme ça parce que je pense que c'était le capitaine le plus approprié à la situation dans laquelle était cette équipe de France. C'est quelqu'un de neutre, qui fait le médiateur entre les différentes opinions. C'est quelqu'un qui a un bon fond, qui est profondément bon. Il est parfait pour ce rôle.

Tu n'avais pas un fond assez bon pour être capitaine ?
Non, ce n'est pas ça. Mais j'étais encore parfois un peu trop cash pour ce genre de choses. Je n'étais pas du genre à prendre des pincettes, mais plutôt à assez vite dire le fond de ma pensée. Pour ce rôle, je pense que je suis enfin mature, à 35 ans. C'est un peu tard maintenant ! Au final, être resté en retrait aura été plus positif car j'ai aussi pu faire passer mes messages sans être trop mis en avant. J'ai pu travailler, tranquillement, dans l'ombre.

Le Mondial commence donc, mais tu n'es pas loin de devoir abandonner ta place alors que tu n'as manqué aucune campagne depuis près de 15 ans. Pourquoi ?
Je me blesse en poule contre la Suède au bout de 8 minutes. Je fais un mouvement et je sens que je suis touché à la cuisse. Je dois alors prendre mon mal en patience, je vais faire les examens nécessaires. Je sais que je suis pété et que c'est grave.

Tu as quoi exactement ?
J'avais un gros hématome avec une déchirure et, dès que je faisais un faux mouvement, je jonglais terriblement. Dans la chambre, j'ai même dit à « Doudou » Karaboué que me blesser n'était pas grave, mais que si je devais vraiment me déchirer, je le ferais sur la finale.
Avant la demi-finale, Claude Onesta fait une réunion et dit : « si Didier se sent pousser des ailes, il pourra jouer ». Après la réunion, je vais le voir dans le couloir. Et je lui dis que je suis vraiment blessé, que je ne simule pas, que ça me handicape et que je voulais bien me péter, mais en finale. Je ne joue donc pas la demie.

Tu n'avais jamais été blessé à ce point et tu fais quand même ton retour pour cette finale face à la Croatie.
Les Croates savaient évidemment que j'avais été touché et, dès la première action, ils attaquent sur moi pour me mettre en difficulté et me tester. Mais je m'étais préparé à ça et je savais que, sur cette action de début de match, il fallait que je bluffe et que je donne tout. J'ai défendu bien rageusement sur mon un-contre-un et j'ai arrêté Ivano

Balic qui a dû se dire que je ne devais pas être aussi blessé que ça, vu la violence du choc.

Tu tiens le coup jusqu'à un moment. Et puis, ton corps te lâche de nouveau. Il se passe quoi ?
Pendant le match, je fais une accélération et je sens une douleur terrible. Comme la jambe est comprimée, je sens juste des fourmillements et ça tient jusqu'au bout. Le match est difficile et je sers les dents pour aider du mieux possible les autres. On gagne, mais j'ai tout de même une seconde déchirure. Le soir, à l'hôtel, tout le monde sort et Claude vient me voir et me demande pourquoi je ne sors pas. Il ne comprenait pas que j'étais vraiment pété.

C'est impossible de reculer dans ces cas-là ?
On joue pour le doublé, après avoir remporté les JO ! S'imposer face aux Croates, chez eux, pour un titre mondial, tu dois tout faire pour t'imposer, quitte à mettre un peu ta santé en danger. Là où ça devient compliqué, ce n'est pas tant avec l'équipe de France que quand tu reviens en club. À Ciudad, Talant Dujshebaev est entré en furie quand il a constaté que j'allais être longtemps absent, quoiqu'au final il m'ait confié, l'énervement passé, qu'il aurait fait comme moi.

Comment on surpasse cette douleur ?
Tu sers les dents, c'est tout. Tu as l'adrénaline de la compétition et l'excitation qui t'euphorisent. Et puis, égoïstement, tu te dis que c'est plus important de gagner un Mondial qu'un titre de champion avec ton club. La majorité des sportifs pensent comme ça.

Le symbole du sportif ou du coach qui ne doit pas avoir de faille est lourd à porter, selon toi ?
Il l'est. Sinon, on n'aurait pas de situations de ce type. En club ou en équipe de France, ça m'est souvent arrivé d'être celui qui ne devait pas faillir, physiquement, car je suis souvent le seul sur mon poste et que l'entraîneur me fait confiance pour tenir mon rôle. Et c'est bizarrement dans ce club, à Ciudad Real, où j'ai eu la chance d'avoir un staff qui nous disait de faire attention à nous, de ne pas jouer si on était blessé, que je me suis obligé à forcer. Alors que Talant et Raúl nous ont toujours répété de faire attention à notre corps car c'est notre gagne-pain. Comme quoi…

Ce n'est pas le cas de tous les entraîneurs de protéger ainsi les joueurs…
Tu as effectivement le cas du coach qui fait sa revue d'effectif dans le vestiaire. Il sait que tu as mal, toi aussi, mais il regarde les gars les uns après les autres en disant « toi ça va, toi aussi, toi aussi » et il te regarde et il dit « toi, tout va bien », et il passe à un autre. Il fait comme si tu n'avais pas mal car c'est important pour lui de t'avoir pour éventuellement gagner. Mais, dans le même temps, quand tu as un petit bobo, il ne faut pas trop s'écouter, sinon tu ne joues jamais. Un mec qui refuse de jouer une finale de Ligue des champions parce qu'il a de la fièvre la veille de la rencontre, je trouve ça limite, d'autant qu'on a des médecins qui peuvent t'aider à te remettre sur pied. Sur une finale, tu ne peux pas avoir mal. Une finale, ça se gagne !

Le sacrifice est primordial ?
Il faut avoir ce sens du sacrifice, se mettre constamment au service des autres et ne pas trop s'écouter. Celui qui sait

se sacrifier pour ses partenaires, son équipe ira toujours le plus loin possible. Dès son plus jeune âge, Nikola Karabatic disait qu'il voulait être le meilleur joueur du monde. Et il a très vite su les sacrifices à faire pour son équipe. La solidarité qu'il fallait avoir. Quand tu le vois sur le terrain, les coups qu'il prend, c'est impressionnant et ça a toujours été le cas. Tu as d'autres joueurs, ils se font taper une fois sur le nez, tu ne les revois plus de la partie. C'est ce qui fait aussi la différence dans ce sport, le handball, qui est aussi un sport de contact.

Tu as toujours eu une hygiène de vie particulière pour rester à ce niveau sans te blesser trop souvent ?
J'ai toujours fait attention à mon poids, mais sans faire de diète particulière. Si j'étais dans les clous, tout allait bien. Maintenant, c'est plus mon cholestérol que je dois surveiller que mon poids !

Il n'y a que ça ? Au bout de 15 ans au plus haut niveau international, tu as bien d'autres secrets ?
Déjà, il faut de la chance pour perdurer au plus haut niveau. Je n'ai jamais eu de très grosses blessures qui m'aient écarté du terrain trop longtemps. Ensuite, je pense que je suis de bonne constitution et que ma mère m'a plutôt bien bâti. Et puis, il faut aussi prendre soin de soi. Avoir une bonne hygiène de vie, soigner son corps avant et après les matchs, être à l'écoute et respecter les protocoles mis en place par les staffs pour être au maximum de ses possibilités.

Tu le seras encore au cours de la saison suivante avec Ciudad et l'équipe de France. En remportant encore 4 titres majeurs dont la Ligue des champions et en gagnant une nouvelle fois encore l'Euro. Tu es un peu sur le toit du monde là quand même ?
Pas tant que ça. Tu es content des résultats obtenus mais c'est surtout une envie de continuer à gagner qui prédomine. Car, à chaque fois qu'on se retrouve entre nous en compétition avec l'équipe de France, on se dit qu'on a l'équipe pour battre les autres, que ça va être difficile, mais qu'on est capable de le faire une fois de plus. Et en club, quand tu joues avec une très grosse équipe comme celle de Ciudad, tu ne veux pas que ça s'arrête non plus.

La remise en cause est perpétuelle, il n'y a pas de place pour profiter ?
La suffisance, c'est ce qui précède la défaite, c'est le plus gros danger. Ou de croire que tu es bien alors que tu te mens. En revanche, la crainte, c'est ce qui te permet de rester alerte, d'aller de l'avant.

Il y a quand même des moments où ce statut de champion des champions permet d'être sur une autre planète ?
On a fait des fêtes entre nous pour célébrer les titres en équipe de France. Mais c'est tout. Tu es pris ensuite par les obligations diverses et quand tu rentres chez toi, tu ne vas pas faire la fête tout seul. Ceux qui sont dans le Championnat français profitent un peu de la vague, mais moins ceux de l'étranger. Ça passe vite. Je pense que le moment de savourer arrivera après ma retraite sportive

quand je regarderai en arrière, que je me plongerai dans les coupures de presse que ma femme met de côté depuis quelques années. Et puis, on n'est pas des footballeurs, on n'a pas la même notoriété.

Le seul qui a peut-être ce statut, c'est Nikola, celui d'une hyper star. C'est important un mec comme lui qui fait briller la discipline, qui canalise les médias ?
Il faut un leader, il faut une image, un visage. Et c'est justifié que ça soit Nikola dans le hand français. D'autant plus parce que c'est quelqu'un qui reste à sa place, qui est humble, même si parfois il a quelques sursauts d'orgueils, comme tout être humain. Il a toujours eu du tact dans ce qu'il faisait. C'est d'autant plus difficile d'être lui que tu n'as pas le droit à l'erreur car tu es vite jugé.

Le sport, c'est vraiment un métier qui ne ment pas. Si tu ne mérites pas, tu ne gagnes pas. Le jugement tombe directement. Si tu n'es pas bon, tu perds.
Nikola, s'il a ces retombées-là, c'est parce qu'il a beaucoup travaillé. D'abord, en étant le meilleur dans sa discipline et, ensuite, en investissant dans une structure qui allait mettre son image en avant. Il a mis beaucoup d'argent dans la structure qui gère son image, mais, au départ, il n'était pas assuré que ça lui rapporterait autant de retombées aujourd'hui.
La différence, c'est qu'il a cru en lui-même. Maintenant qu'il est célèbre, ça explose car il a d'abord misé sur lui-même. Il faut avoir du courage pour faire ça plutôt que de simplement profiter de ce qui vient naturellement.

Le handball se popularise. Il n'y a pas de risques de dérive ?
Le risque en équipe de France, c'est de passer dans le côté show-business. Ce qui a fait et ce qui fera la réussite des Bleus, c'est le travail et rien d'autre. Il faut que l'on conserve ces valeurs d'humilité, que l'on continue à remettre l'ouvrage sur le métier car la roue peut tourner très vite. Médiatiquement, tu peux être porté aux nues aussi vite qu'on te descendra vers l'enfer. Ce que je dis toujours, c'est que si tu assures sur le terrain, tu peux faire ce que tu veux en dehors. Car le terrain ne ment pas. Être bon dans les medias, ça ne sert pas à grand chose pour gagner une compétition.

Le handball français est le plus titré des sports collectifs tricolores, loin devant le football et le rugby, tandis que les salaires y sont moindres. Il y a de la jalousie sur ce plan ?
Ah, c'est sûr que par rapport à certaines stars du foot, on est des smicards du sport. Avec mon palmarès, si j'étais footballeur, j'aurais 3 yachts. Mais je ne me plains pas. Loin de là. Car on a de belles vies. Il faut savoir se contenter de ce que l'on a, profiter et il faut surtout se jauger au regard de sa propre discipline car tu appartiens à un système. Et puis, quelle chance de porter le maillot de l'équipe de France de handball et d'avoir gagner autant de titres ! Je n'échangerai rien contre ça.

Tu entretiens quel rapport avec le fait de porter le maillot de l'équipe de France justement ? Il y a une fierté particulière de représenter le pays ?
Oui, clairement. Mais c'est quelque chose qui, selon moi, vient progressivement, avec le temps et au fil des sélections, des rendez-vous avec cette équipe lors des compétitions. Quand tu es jeune et que tu arrives en équipe de France, je pense que tu te concentres d'abord sur tes performances avant de penser au drapeau. Ton objectif, c'est d'abord de pouvoir revenir avec cette équipe à l'avenir, donc tu dois soigner ta prestation, appréhender un nouveau milieu, des partenaires.
Aujourd'hui, quand je chante *La Marseillaise*, j'ai beaucoup plus conscience de ce que tout cela représente. L'importance des couleurs, du maillot, de représenter la nation. À chaque match, tu mets ta performance individuelle en jeu, mais aussi l'image de ton pays. Tu es investi d'une mission face à tes adversaires, les autres pays.
C'est pour cela que je tiens à chanter *La Marseillaise*, c'est un symbole important. En plus, quand il y a un match important et que tu la chantes, ça te galvanise.

Rituel avec Michaël Guigou après chaque victoire.

LA CHASSE AUX RECORDS

Il faut être dans cet état, galvanisés, remontés à bloc, pour aller réaliser le triplé extraordinaire que la France va obtenir en 2010. Vous avez des doutes ou encore de grosses ambitions ?
Après le doublé déjà, on part en Autriche avec comme ambition de réaliser ce triplé inédit. Mais on sait que ça sera difficile car ça sera l'Euro et que la série peut forcément s'arrêter à un moment. On commence face aux Hongrois qui nous dominent pendant toute la partie mais, dans le money-time, on réussit à revenir et décrocher un match nul. On commence déjà un peu dans le dur.

Vous faites d'ailleurs tout de suite une réunion de crise le lendemain où l'animation ne manque pas. Vous vous dites quoi ?
On essaye tout de suite de trouver des solutions à nos problèmes qui avaient d'abord été de ne pas avoir respecté les fondamentaux. Mais là, tout le monde se met à parler et moi je ne dis rien parce que, dans ce genre de moment, les avis sont tellement divergents et multiples qu'on ne s'entend pas et que ça n'est pas forcément très constructif. À un moment, Claude me donne la parole et je dis qu'il faut juste que chacun respecte les consignes de base au niveau de la défense, que si on a failli, c'est collectivement, mais que ça passe d'abord par une remise en cause personnelle de ce que chacun a produit.

Et ça marche ?
Le lendemain, on tape les Tchèques d'un but (21-20). À l'ancienne. La défense a été bonne puisqu'on a pris que 20 buts. Après, on a eu ce problème récurrent où on menait toujours de 6 buts pendant les rencontres, mais on

se faisait toujours remonter. Face à l'Espagne notamment. On domine vraiment, ils reviennent et ne sont pas loin de réussir à nous battre, mais on s'en sort avec un penalty (24-24) de Guillaume Joli qui change tout le visage de notre compétition. Au classement de la poule, l'Espagne finit tout de même devant nous et on évite les Polonais tout de suite dans les matchs du groupe principal.

Ce qui était mieux ?
On commence par les Allemands qui sont un peu moins bien. On les bat et, du coup, le gros match d'entrée, c'est Pologne-Espagne. Les Polonais s'imposent et l'Espagne est plutôt mal. On enchaîne ensuite face aux Slovènes qu'on bat très largement (28-37). En parallèle, la Pologne fait le boulot et notre dernier match du groupe principal se joue contre eux. Et on les tape, alors que si on les avait pris plus tôt, on n'aurait pas réussi. Ils étaient vraiment pas mal, mais un peu moins concernés puisqu'ils iraient en demi-finale.

Cette dernière phase est quand même très tendue du côté Français. Pourquoi ?
Dans le dernier carré, on retrouve encore une fois l'Islande dans un match long à se décanter (36-28). Et pendant la rencontre, on s'engueule pas mal avec Claude concernant les changements. Mais, le soir, ça ne m'empêche pas de le retrouver avec le staff pour la petite tisane et les discussions habituelles. Car dans le match, tu es dans le feu de l'action, mais après, c'est vite oublié. Il y a tellement de tension.

En finale, vous retrouvez de nouveau la Croatie devant vous…
Sur cette compétition, on a eu des doutes, mais comme on avait plus de talent que de doutes, on a remporté le titre. À l'instar de nos finales précédentes, on écrase physiquement notre adversaire vers la 40-45e minute. Les Croates ont tenu, puis ils ont lâché comme un an auparavant.

On a l'impression, sur ce titre, que c'est d'abord l'intelligence du groupe qui a fait la différence. Cette cohésion vient d'où ? Comment faire pour qu'un groupe aille bien ?
Il faut de la bonne humeur, que ça déconne, mais dans des moments où tu sais que tu peux déconner. Le reste du temps, il faut être concentré sur la compétition. Par exemple, à Sydney en 2000, on est arrivé avec un énorme jetlag et le médecin ne voulait pas qu'on dorme. On est alors parti faire des visites. Notamment à la marina. On était tous ensemble et je lance à Jack : « tu vois le bateau là-bas ? ». Il y en avait 200 autour de nous. On est tous parti dans un fou rire général. Ça reste et ça cimente un groupe.

Pourtant, il ne faut pas qu'un groupe soit trop détendu non plus comme tu le disais. Ça marche comment en équipe de France ?
Il faut savoir concerner tout le monde. En général, ça commence toujours de la même manière, au petit-déjeuner les jours de matchs. On a une mécanique imparable. Jérôme Fernandez, c'est un grand bavard par exemple. Il n'arrête pas. Il cause, il cause et il sait que, moi par exemple, ça me dérange. Du coup, il sait que ça va me chauffer un

peu. Alors je lui dis toujours quand il en fait trop, mi-chambreur, mi-sérieux : « c'est pas maintenant qu'il faut la ramener, c'est plutôt ce soir sur le terrain ». Là dessus, Guillaume Gille vient au soutien de Jéjé en disant que je dois me relâcher, que je me prends trop au sérieux. Alors, je fais un peu la gueule. Bertrand Gille me rebalance un petit pic. Mais ça, c'est la déconne des anciens, on a nos petites habitudes. Avec certains joueurs, on passe presque 60 jours par an ensemble depuis bientôt 15 ans !

Les anciens, vous êtes forcément très liés. Par les campagnes sportives, mais aussi les épreuves de la vie qui vous touchent. Comme ce fut le cas pour Jérôme Fernandez qui a perdu ses deux parents alors qu'il était avec les Bleus. Comment un groupe agit dans ces cas-là ?
À titre individuel, tu essayes d'être le plus au soutien tout en gardant de la distance car tu as de l'amitié, mais aussi du respect pour l'autre. Il ne faut pas être envahissant et surtout tenter de rassurer. Entourer le joueur même si sa performance peut-être moins bonne. Passer sur des réactions qui, dans un autre contexte, ne seraient pas les mêmes. Tu accompagnes ton partenaire, mais ce n'est pas pour autant que ça changera quelque chose dans la performance. Jouer pour l'autre qui est en détresse ne provoque pas de meilleur résultat. On est là, on respecte notre coéquipier, mais on ne peut pas faire plus, si ce n'est être à l'écoute et rester disponible.

Avoir une telle attention prouve la bonne entente dans cette équipe de France…

Qu'une bonne ambiance règne dans le groupe est une chose, qu'il y ait une bonne entente collective aussi. Mais cela ne veut pas dire que tout le monde est ami avec tout le monde. J'ai des amis dans cette équipe, mais je ne le suis pas avec chacun. Il y a des affinités et des groupes. Il y a le groupe de ceux qui jouent aux cartes, celui de ceux qui restent pour parler après le repas, le groupe transitoire de ceux qui arrivent en équipe de France, de ceux qui ne savent pas où se situer. Je passe beaucoup de temps avec Nikola Karabatic, avec Daouda Karaboué, avec Luc Abalo ou encore Cédric Sorhaindo. Les frangins Gille sont souvent ensemble car ils ont toujours fonctionné en binôme. Et puis, il y a des dynamiques propres selon les moments. Ça évolue.

Vous aimez bien rire quand même, on se souvient notamment de la fameuse vidéo où vous faisiez un lib dub en pleine compétition pour un sujet télé. Mais aussi du déplacement épique d'avril 2010 en Islande pour un match amical où, alors que certains d'entre vous doivent jouer des matchs importants en Ligue des champions, vous vous retrouvez coincés à cause de l'irruption volcanique d'Eyjafjöll et faites des vidéos simulant des soucis de santé…

En Islande, ça a été véritablement épique avec un dénouement plutôt long puisqu'on est finalement reparti vers la Norvège en avion, avant de rejoindre la France en bus. Dans l'intervalle, on a fait quelques farces via des vidéos postées sur Internet dans lesquelles je m'étais déguisé façon grand malade, et où on faisait croire qu'il y avait des dégagements toxiques. L'image a pas mal tourné sur Internet, mais ça a été un peu loin car certaines femmes de joueurs ont appelé ma femme pour lui dire qu'il la soutenait, alors qu'il n'y avait rien. Du coup, on a refait une vidéo pour expliquer qu'il n'en était rien, avec Nikola Karabatic dans le rôle du médecin. C'est un peu ça l'esprit de Experts. Tu fais ce genre de choses avec des amis quand il n'y a pas de pression, mais tu sais ce que tu as à faire quand la compétition commence.

Il y a un équilibre des forces dans cette équipe et surtout un groupe qui varie peu. Pourquoi ?

La continuité du travail est essentielle dans cette équipe de France. Notamment parce qu'il y a une ossature (avec Jérôme Fernandez, les frères Gille, Thierry Omeyer et moi) forte qui existe depuis très longtemps, avec ensuite de gros leaders qui sont venus se greffer (Nikola Karabatic, Michaël Guigou, Luc Abalo, Daniel Narcisse), puis des jeunes qui se sont fondus dans le collectif progressivement. Ceux qui ne rentrent pas dans les schémas, dans l'état d'esprit, se font reprendre de volée et s'excluent quasiment d'eux-mêmes du groupe car celui-ci s'autogère. Les cadres gèrent une partie des problèmes internes à la vie commune et ça permet une bonne dynamique car l'équilibre est aujourd'hui très bon entre nous. On se connaît, chacun a sa place et c'est bien comme ça. Si un groupe change trop souvent, l'insécurité créée des divisions. On peut le voir dans certaines équipes collectives qui changent plus souvent leurs joueurs à des postes-clés. Notre force, c'est de faire confiance à un groupe, mais de ne pas oublier, par touches, d'intégrer des nouveaux talents, d'être des passeurs de savoir.

C'est quoi les valeurs de ce groupe ?

C'est tout ce qu'on attend d'un vrai sportif de haut niveau. La combativité d'abord. Tu peux être un peu moins talentueux que d'autres joueurs, mais il faut savoir mettre ses tripes sur le parquet pour les autres, c'est indispensable. Vouloir te surpasser. Et savoir quel rôle tu vas tenir dans cette équipe. Quand tu sais ce que l'on attend de toi, tu vas construire précisément ta performance autour de ça. Tu es considéré comme remplaçant ? Alors, tu dois être le meilleur dans ce rôle, épauler ton titulaire du mieux que tu peux, mais toujours tenter de démontrer que tu peux aussi être le numéro 1 si une blessure survient ou si l'autre joueur baisse un peu de pied. Mais toujours dans le respect et en sachant préserver l'équilibre de l'équipe.

À une époque, Christophe Kempé était le pivot numéro 2 de l'équipe. Il n'était peut-être pas le plus talentueux de l'équipe, mais il a su se fondre dans cette équipe et a accepté de jouer 5/10 minutes par match pour soulager le titulaire. À l'entraînement, c'était le premier à se mettre minable, à vomir sur la piste pour le groupe. C'est ce qu'il faut faire.

C'est pour ça que tu essayes de communiquer au maximum avec les jeunes...

Quand ils arrivent, j'essaye de leur montrer le chemin. Quand ils font des erreurs en match, on en reparle ensuite. On évoque la situation de jeu et on analyse. En plus, aujourd'hui, avec la cellule vidéo, on peut monter des séquences, proposer des solutions et donner à chacun un DVD pour qu'ils puissent travailler. Avec des éléments pour pouvoir faire leur autocritique et savoir d'où viennent leurs erreurs, ils sont à même de se construire. Les jeunes aujourd'hui, on leur dit aussi de profiter. Et on le fait en connaissance de cause car on a connu beaucoup de succès, mais aussi pas mal de défaites dans le passé. À mes débuts, j'ai passé 4 ans à me prendre des raclées face aux Russes, aux Suédois, aux Yougoslaves avant d'être champion du monde.

Le message passe ?

Les jeunes disent qu'ils savent, qu'ils comprennent, mais quand tu n'as pas vécu ces moments-là, c'est quand même plus difficile à appréhender. Un jeune qui arrive dans le groupe, il doit rester à sa place. Il n'a pas à se sentir supérieur parce qu'il a fait un titre en club ou en équipe de France. Dans cette équipe de France, tu n'as que des mecs bardés de titres. Il faut donc rester à sa place et faire son boulot.

Qu'est-ce que tu souhaites que le public et les médias retiennent de cette équipe, du groupe que vous formez ?

C'est d'avoir réussi à atteindre l'harmonie des différences. Nous avons été capables de composer, pour obtenir ces succès, avec les forces et les faiblesses, les aspirations, les caractères de chacun pour atteindre les objectifs les plus élevés. C'est un message fort et positif. On y arrive dès que chacun prend conscience qu'il est là pour un objectif précis et qu'il ne peut pas faire autrement que d'évoluer avec les autres qui sont autour de lui. C'est une philosophie qui est applicable dans beaucoup de domaines.

Et ce dès qu'il y a de la vie en communauté. En sport, mais aussi dans les entreprises. Tout ce que la France produit est représenté dans cette équipe de France. Tu as des gens qui viennent de divers horizons et c'est vraiment cela qui fait aussi la force de ce groupe. N'en déplaisent à certains qui se demandent sur certains forums de sport espagnol ce que la France serait sans ses « nègres » et ses étrangers, comme j'ai pu le lire. Je suis fier d'être guadeloupéen, car c'est de là que je viens, et je suis fier d'être français.

Ces attaques frontales sont d'autant plus déplacées que tu as fait le bonheur de Ciudad Real et que tu as longtemps pensé finir ta carrière en Espagne. Tu y as même monté des affaires en parallèle de ta vie de joueur. Notamment une discothèque. C'est un moyen de préparer l'après ?
Ça a surtout été une opportunité que l'on m'a présentée et j'ai décidé d'investir dans cette affaire. C'est bien, ça permet de s'occuper, de garder les pieds dans la vie et de préparer aussi éventuellement la suite. Le lieu était devenu le QG de Ciudad Real, on y a fait les plus belles fêtes possibles, notamment après les titres en Championnat ou en Ligue des champions. C'était une envie, un business, un challenge que je voulais relever.
Je prends la vie comme elle vient. Je marche beaucoup au feeling et c'est ce qui se passe aussi sur mes transferts. Je ne m'attendais pas forcément à revenir en France, je pensais finir ma carrière en Espagne, et Paris, qui monte une très grosse équipe, m'offre la possibilité de jouer dans son équipe. C'est ça qui est bien, de ne pas forcément calculer, de prendre les choses comme elles viennent.

En fait, tu es le mélange parfait de la cigale et de la fourmi, tant sur le plan sportif que financier...

Je fais attention, c'est vrai. Mais je sais aussi me faire plaisir car on n'a qu'une vie et tout peut s'arrêter du jour au lendemain. Mais je ne suis pas très matérialiste au final. À Ciudad Real, je me suis juste offert une maison à la campagne au milieu d'un champ d'oliviers, vieux de 300 ans. Ce qui me fait le plus plaisir là-bas, c'est de prendre mon petit café, tranquille, au frais sur la terrasse en regardant mes oliviers. C'est un retour aux sources puisque j'ai grandi à la campagne en Guadeloupe. J'ai toujours bien aimé ce rapport à la terre.

Je reste donc mesuré pour assurer l'avenir, mais je profite un peu aussi. Je fais régulièrement des cadeaux à mes proches, comme à ma mère après Pékin à qui j'ai acheté une voiture neuve. Si je peux aider certaines personnes pour des projets, je le fais aussi. En revanche, il y a une dépense à laquelle je ne peux jamais échapper en Espagne, c'est celle qui consiste à inviter les coéquipiers quand tu ramènes un titre. Depuis 2006, à Ciudad puis à l'Atlético, j'ai été le seul à rincer tout le monde ! Pour tout dire, ça ne m'intéresse pas d'être le plus riche du cimetière.

Par contre, le plus titré, c'est quelque chose qui ne te dérangerait pas. Si bien que dès 2011, vous repartez avec les Bleus dans une campagne mondiale folle. Vous visez le quadruplé. Et toi, un troisième titre mondial, rien de moins. C'est dingue, non ?

On part sur ce Mondial avec une énorme pancarte dans le dos puisqu'après le triplé, on se dit que ça ne va sûrement pas durer. En plus, on a deux absents de marque

avec Daniel Narcisse et Guillaume Gille qui sont blessés. Et je pense que tout cela nous a finalement servis. On s'est vraiment resserré sur nous-mêmes et l'arrivée des petits jeunes Xavier Barachet, sur le poste d'arrière droit, et William Accambray, sur celui d'arrière gauche, a permis pas mal de rotations supplémentaires et la mise en place de nouveaux schémas tactiques.
Pour moi, avec 2006 et 2008, c'est un des tournois les plus solides que l'on fait, bien que l'on soit en difficulté au départ. Car, par la suite, on est vraiment très costaud pendant toute la compétition. Même la finale, avec la prolongation face aux Danois, c'était fait exprès. On voulait faire grimper l'audimat !

Vous l'avez fait, assurément, puisqu'au niveau des médias, vous avez drainé pas mal de monde. Les relations ont évolué avec les résultats des dernières années ?
Depuis que l'on a eu des résultats avec le hand français, quand il y a eu des critiques, c'était plus général car personne ne voulait se mettre à dos tel ou tel joueur, voire le groupe, car nous sommes tout de même assez soudés. Avant, il y avait des attaques plus personnelles, plus polémiques peut-être. Mais les choses ont évolué et il y a de plus en plus de gens qui comprennent ce qu'est le handball, qui s'y intéressent.
En même temps, quand tu mets un 0 sur 2 ou un 0 sur 3 aux tirs, tu peux difficilement dire que tu as été bon. Il faut aussi savoir accepter les critiques. Mais il faut que les choses soient constructives et ne portent pas sur l'individu en lui-même, mais sur le sportif. C'est ce qui me gène parfois avec certains médias.

Ça a été un chemin difficile cette reconnaissance médiatique ?
Clairement. Il a fallu qu'on remporte 3 puis 4 médailles d'or de suite pour que l'on parle véritablement de nous, que l'on ait droit au Championnat de France sur Canal + et une émission dédiée comme « Les Spécialistes ». Alors qu'on était déjà 2 fois champions du monde et que Montpellier avait gagné la Ligue des champions.

Alors qu'aujourd'hui, tout le monde s'approprie le handball pour ses valeurs...
Tout le monde s'y est mis parce qu'on a su, grâce à la répétition des victoires, s'inscrire dans la mémoire des gens. Même Nicolas Sarkozy s'y était mis. Aujourd'hui, on est à 400 000 licenciés. Les jeunes s'identifient à nous parce qu'on a des résultats, qu'on est un peu plus dans les médias et qu'on porte un message positif. Il y a de plus en plus de gamins qui veulent être Nikola Karabatic ou Luc Abalo aujourd'hui.

Ou Didier Dinart...
Ça, un peu moins.

Ce furent donc une compétition et un match ultime épique, puisque certains joueurs ont été en difficulté côté français et que, face à vous, se dresse l'une des équipes phares des prochaines années...
Pendant le match, je ne me rends pas tellement compte qu'il y a des difficultés de cette sorte. Je sais qu'on prend pas mal de buts et je ne me dis pas tellement que « Titi » Omeyer n'est pas dedans, je me dis plus qu'il faut que je

défende plus fort car je suis concentré sur mon match. On est quand même en finale pour un quadruplé, chacun doit se focaliser sur ce qu'il a à faire pour aider au mieux les autres. Il ne faut pas trop se disperser non plus, parce qu'on a en face de nous une équipe qui joue très bien au handball. Le Danemark, avec ses forces vives, allait confirmer par la suite, en 2012 et l'Euro, son niveau élevé.

L'arrière danois Mikkel Hansen, ton nouveau coéquipier au PSG Handball, c'est la nouvelle star du handball mondial ? Il est en train de prendre la place de Nikola Karabatic ?

Je respecte beaucoup Hansen et je l'aime bien, mais Nikola reste devant quand même. Nikola est un joueur beaucoup plus complet qu'Hansen, parce qu'il est capable de faire la différence, d'aller provoquer les défenses et de forcer la décision, alors qu'Hansen n'est pas encore capable de le faire. Hansen est bon quand les systèmes mis en place autour de lui sont fluides. Si ça se grippe, il est moins tranchant. Il ne fait pas des un-contre-un de la même manière et, en défense, Nikola est capable de défendre sur plusieurs principes. Néanmoins, Hansen mérite son titre de meilleur joueur du monde 2011, mais Nikola reste plus complet.

Tu as le trac comme un artiste peut en avoir au moment de monter sur la scène ?

Sur les gros matchs, tu joues un peu ta vie quand même. Tu te mets une grosse pression parce que tu as juste envie d'être le meilleur, de battre l'autre. Et puis, si c'est pour rentrer sur le terrain et ne pas tout donner, ça ne sert à rien.

Sur les matchs importants, en général, je n'arrive pas à manger. Je mange 2/3 bananes et rien de plus. Alors que

j'ai déjà gagné pas mal de compétitions et de titres. J'ai toujours cette petite part de trac qui revient. Même si je sens qu'on est prêt.
Ça m'arrive en général sur les matchs les plus compliqués, qui sont en général les quarts et les demi-finales. En quart, c'est le premier moment-clé car tu peux te faire sortir directement et tu n'as plus rien à jouer. C'est merci et au revoir si tu passes à côté. En demi-finale, si tu passes, tu es sûr d'avoir au moins une médaille, alors que si tu perds, tu dois encore lutter pour accrocher quelque chose et ne pas terminer à la place la plus frustrante, la 4e. Ce qui est terrible en plus, c'est que tu finis sans médaille et avec une ultime défaite.

Le terrain de hand, c'est une scène ?
Il y a un vrai côté spectaculaire dans le hand. On est là pour s'amuser et on joue dans le sens premier du terme. La compétition n'empêche pas l'amusement. Et l'amusement permet aussi d'être relâché intellectuellement. Ce qui n'empêche pas d'être appliqué. Et les joueurs jouent tous un rôle, le leur. Tu as le gentil, le méchant Moi, j'essaye toujours de copiner avec les arbitres, je plaisante avec eux. Le terrain est un peu un théâtre.

À une époque, les Suédois, comme tu l'as dit, dominaient leurs sujets tout en étant très arrogants. Et s'étaient attiré une vraie inimitié de la part de leurs adversaires. L'équipe de France échappe à ce genre d'animosité alors qu'elle a tout remporté ces dernières années ?
Pour ne pas tomber là-dedans, ça m'arrive de demander à nos adversaires ce qu'ils pensent de nous. Et les retours

sont toujours positifs car je pense qu'on reste une équipe déterminée et plutôt fair-play. On a, par exemple, de très bonnes relations avec l'équipe d'Espagne. Sur le terrain, c'est chacun pour soi. Mais, après le match, on se retrouve toujours autour d'une bière car on s'apprécie beaucoup entre nous.

Vous avez tout gagné avec l'équipe de France et certains esprits chagrins, voire des adversaires, ont pu être amenés à penser qu'il peut y avoir du dopage derrière vos performances. Tu réponds quoi à ce genre de suspicions ?
Qu'elles sont infondées. Au handball, s'il y avait du dopage, ce dont je doute, ça serait essentiellement du dopage physique pour augmenter la masse musculaire ou la résistance. Mais ça ne servirait pas à grand-chose car on est quand même dans un sport où il faut des très grosses qualités techniques pour être performant. On n'est pas seulement dans la répétition d'un effort. Il faut de la précision, mettre des tactiques en place, s'adapter. Le dopage ne peut rien pour toi dans ces cas-là. Et puis, on est très contrôlé, donc cela se saurait. Les normes sont très strictes sur plein de produits. Dès que tu as un petit souci, tu dois voir avec le docteur pour être sûr de ne pas prendre quelque chose qui serait sur la liste des produits interdits. D'ailleurs, sur ce plan, j'ai hâte d'arrêter ma carrière car, quand j'ai un mal de tête par exemple, les médicaments autorisés ne sont jamais très forts. Et c'est quasiment inefficace.

Tu as une confiance aveugle dans la relation que tu as avec les médecins qui te suivent ?
Tu es obligé. Eux doivent savoir ce qui est bon pour toi. Au moins sur les traitements que tu peux prendre. Sur les diagnostics de pathologie ou de protocole, il faut que la relation soit installée depuis longtemps pour que ça passe. De mon côté, c'est le cas avec le médecin des Bleus, Pierre Sébastien. Car lui, tu n'as aucun intérêt à lui mentir. Il connaît tous les problèmes que tu peux avoir et que tu pourrais éventuellement cacher à ton club. J'ai une relation très étroite avec lui et peut-être moins avec mes anciens médecins de clubs. Il procède toujours de la meilleure des manières. Contrairement à d'autres, il ne donne jamais de diagnostic avant d'avoir fait les examens. C'est déjà une marque importante de professionnalisme !

En dehors du médecin, il y aussi les kinés avec lesquels les joueurs passent beaucoup de temps. Tu as tes préférences dans ce domaine ?
À Ciudad Real, il y avait Chema, un kiné aveugle avec qui j'avais une très bonne relation. Il disait tout le temps que, quand il me touchait, je lui donnais de la joie. Alors souvent, avant les matchs, je lui disais de venir prendre sa dose de joie. Et après aussi. En équipe de France, il y a Patrick Kersten. C'est MON Patrick, c'est ma chose. Il est à mes petits soins. On se connaît depuis 1996 quand il était avec les espoirs. Et si j'avais l'idée de passer avec l'autre kiné de l'équipe de France, il se fâcherait. Chaque joueur a ses habitudes avec tel ou tel kiné. D'abord, pour le suivi car c'est quand même mieux quand la soignant connaît parfaitement bien le corps de son patient. Et puis, sur la table de massage, on se dit presque tout, même s'il

existe quand même une barrière staff/joueur qui oblige chacun à une réserve presque protocolaire. Ça changera sûrement quand je ne serai plus joueur même s'il ne me massera plus autant !

2012,
L'ANNÉE DE TOUS LES DANGERS ?

Après 4 ans de domination outrageuse, arrive alors l'Euro 2012. On a eu l'impression que sur cette compétition, vous en vouliez moins. Vous êtes sortis de la compétition au tour principal en terminant dernier de votre poule. Tu expliques ça comment ?

Il y avait moins d'envie, je pense, sur cette préparation et sur cette compétition. Peut-être parce que l'on pensait que comme c'était passé sur les 4 dernières compétitions, ça allait passer de la même manière cette fois-ci.

Lors de cet échec, on a pointé l'âge des joueurs. Mais il y a aussi une concurrence de plus en plus dense, non ?

Il y a un niveau mondial qui progresse, c'est une certitude, des équipes qui nous étudient sous toutes les coutures et puis c'est sûr que le Dinart des JO de Pékin était quand même plus jeune. C'est implacable. Il ne faut pas faire l'année de trop ou la compétition de trop. Mais tant que tu es au niveau, il faut continuer. Et puis, lorsque tu perds à l'Euro et que tu joues les JO 5 mois après, ça paraît compliqué de tout révolutionner. Tu ne vas pas virer 5 gars sous prétexte qu'ils sont trop vieux, alors qu'un an avant, ils étaient encore bons pour le service, et remettre tout en cause, ce n'est pas le moment.

Comme vous êtes plus médiatisés, car les résultats sont là, les défaillances sont aussi plus mises en avant. Tu en penses quoi ?

Il faut accepter la critique. Quand on nous dit qu'on est les meilleurs, on l'accepte sans souci. Après, quand on est moins bon, il faut jouer le jeu et assumer ses erreurs.

C'est toujours plus facile d'aller sur les plateaux de télé pour déconner, de faire des séances photos et répondre aux questions quand tu gagnes que d'aller expliquer pourquoi tu n'y es pas arrivé quand tu as perdu. Il faut alors savoir se remettre en question et essayer de rebondir. Et si tu n'arrives pas à rebondir, c'est peut-être que les critiques étaient fondées. Alors, il faut arrêter et passer à autre chose.

Après avoir été adulé pendant 4 ans, à la fin de l'Euro 2012, on a dit que vous étiez bons à jeter à la poubelle. Ça a été blessant ?

Ce qui m'a vraiment touché après la défaite de l'équipe de France à l'Euro, c'est que les gens ont tout de suite voulu chercher la petite bête à l'intérieur de ce groupe qui restait, malgré tout, et excusez du peu, sur 4 titres majeurs remportés à la suite. Parfois, quand tu gagnes, tu as l'impression de déranger et, quand tu as un coup de moins bien, ceux qui ne supportent pas tes exploits te tombent dessus. Ils profitent d'une faille pour aiguillonner et voir si ça va exploser, si des insultes vont fuser ici ou là et si, au final, le bel édifice va s'écrouler. Il y a des journalistes qui ont tenté de faire monter une hypothétique rivalité entre Nikola et Jérôme, mais ça n'a pas pris car nous savions tous pourquoi nous n'avions pas été bons lors de cet Euro.

Les gens voulaient que l'on se déchire après l'Euro 2012, que l'on trouve un bouc-émissaire. Mais chacun a été responsable de nos mauvais résultats. Rejeter la faute sur le voisin est trop facile. Il faut d'abord se regarder soi, se demander si l'on n'aurait pas pu faire un peu plus pour éviter ça. Et si tout le monde arrive à faire ça, tu peux gagner des compétitions ou au moins sortir en étant convaincu d'avoir fait ce qu'il fallait.

La presse, que vous cherchiez tant à une époque, a aussi pesé finalement sur ce groupe
Peut-être. C'est vrai que beaucoup de médias ont été attirés par nos dernières performances et je pense que l'on n'a pas géré ça de la meilleure des manières. À Capbreton par exemple, pendant notre préparation, on avait 300 à 400 personnes dans les tribunes, alors que, d'habitude, on est quasiment à l'isolement. Du coup, au lieu de travailler, on faisait peut-être un peu plus de spectacle au lieu d'être précis sur nos fondamentaux. Chacun voulait y aller de sa roucoulette, de son petit effet.

Comment avez-vous digéré cette défaillance ?
On avait surtout besoin de se retrouver. Au lieu de repartir chacun dans notre club tout de suite après la compétition, on s'est ressoudé en se retrouvant à Paris pour manger ensemble dans un contexte différent. On s'est parlé et on s'est dit qu'il ne fallait pas redéconner comme on l'avait fait.

Les JO commencent à se gagner à ce moment-là ?
En partie. On avait d'abord besoin de se regrouper pour parler et se fixer cet objectif commun. On ne pouvait pas partir comme ça.

Selon toi, le secret des Bleus part de là ?
Notamment. Cet état d'esprit permet de faire les efforts pour les autres. Nous avons tous confiance dans ce groupe, nous travaillons dur. Si tu as confiance en tes coéquipiers,

tu peux jouer pour eux, sinon c'est impossible. Depuis toujours, on a su s'imposer physiquement face aux autres nations. On a su donner un rythme très intense au jeu pour faire plier les autres. L'objectif était de se faire respecter par notre densité. Petit à petit, on voyait nos adversaires être meurtris par le déroulement du match. On savait que, physiquement, on était bien et qu'au bout d'un moment, il y aurait une baisse de régime en face et que c'est à ce moment-là qu'on allait prendre l'avantage. Là, il suffit de prendre 2 ou 3 buts d'avance et, en face, ça commence à cogiter car tu sais que si tu es à la traîne face à nous, c'est compliqué de revenir, qu'il va falloir s'employer très sérieusement. Tu prends l'ascendant physique pour prendre l'ascendant psychologique ensuite.

Tu prends clairement la parole lors d'un de ces dîners. Pourquoi ?

Je voulais vraiment exprimer ce que je ressentais à ce moment-là. J'ai juste dit qu'il faudrait se battre comme jamais, tout donner et que l'on n'aurait pas droit à l'erreur cette fois-ci. Que les JO, c'est quelque chose de rare, que certains n'en joueront peut-être qu'une édition et que moi, ça allait être mes derniers et que je ne voulais pas les rater. Ce qui a été assez drôle dans ce moment sérieux, c'est que mon accent antillais est revenu assez fort quand je parlais, sûrement parce que ça me tenait vraiment à cœur et, à la fin, « Doudou » Karaboué a continué d'haranguer la table en disant des « oui, mon frère » ou des « Alléluias » comme si j'étais un tribun, genre Malcolm X. C'était marrant.

Après cette déroute de l'Euro, vous vous retrouvez au printemps pour un court stage de l'équipe de France avec des matchs amicaux contre la Suisse que vous remportez aisément. Et arrive enfin la préparation pour ces JO de Londres, qui commence le 18 juin. Dans quel état d'esprit ?
On sait que l'on va en baver parce que celle-ci va avoir lieu à la Toussuire. Et la Toussuire, ça veut dire préparation de Pékin Une des plus dures de toutes les préparations que j'ai vécues, très physique. Rien qu'à l'idée de refaire, à 35 ans, les mêmes exercices que « Quinquin » a l'habitude de te servir pour te faire piocher physiquement, je savais que ça allait être terrible. Et ça l'a été.

Il fallait ça pour que l'équipe de France se resserre ? Il lui fallait revenir à ses basiques, cette puissance physique qui fait plier ses adversaires ?
Oui, il le fallait. On avait besoin de se sentir fort et de monter en puissance car ça fait partie de l'ADN de cette équipe de France. C'est utile pour pouvoir jouer des un-contre-un, proposer une défense rugueuse. Il y avait peut-être une petite superstition liée à Pékin dans le déroulé de ce stage et dans son contenu, mais ça n'était pas si mal. Ce sont des clins d'œil qu'il faut savoir apprécier. Le groupe a bien travaillé dans ce camp de base et on a ensuite poursuivi en Andorre avec toujours du physique, mais plus de handball et de tactique.

Là, vous jetez les bases de votre jeu pendant ces JO. Avec certains changements, notamment sur le plan défensif...

J'ai discuté avec Claude Onesta et Sylvain Nouet. Nous avons décidé de travailler sur une défense 0-6 différente de ce que l'on pratiquait habituellement, avec un système « d'essuie-glaces » et de dissuasion pour alterner avec notre traditionnelle défense 1-5. Cette défense permettait aussi d'avoir de la profondeur. Car en même temps, cette défense 0-6 avait aussi des accents de 1-5. Un truc hybride et assez costaud au final. Avec comme point d'orgue, l'émergence d'une très bonne alternative en la personne de Cédric Sorhaindo à la fois sur les postes 3 et 2, en plus de l'apport habituel que l'on avait avec Nikola.

Ce qui a été plaisant pendant cette compétition, et notamment sur la défense, c'est que la 1-5 nous a permis de gagner nos 4 titres successifs à partir de Pékin et que cette 0-6 a été la clé de nos JO 2012. On a su s'adapter et proposer quelque chose de nouveau à nos adversaires, même si on a su aussi conserver notre 1-5 et notre rigueur. Car ce système défensif n'est pas du tout ce que fait d'habitude l'équipe de France. Cette nouveauté a troublé les autres équipes à notre avantage. Ça arrivait à point et on a terminé parmi les meilleures défenses du tournoi grâce à elle. En plus, physiquement, ce système est moins usant pour nous que la 1-5. Pour les anciens que nous étions, c'était plutôt une bonne idée !

Pendant votre préparation, vous disputez 3 matchs amicaux. Si l'Eurotournoi, à Strasbourg, se solde par un succès, vous perdez face à la Hongrie avant de partir pour Londres. Il y a eu de l'inquiétude à ce moment-là ?
Non, parce qu'on a pris ces matchs comme des matchs de travail. On a testé différentes choses en vue de la compétition. Si tu ne tentes pas de nouvelles stratégies quand tu as ce type d'oppositions, tu ne le fais jamais. Face à la Hongrie, on perd d'un but par exemple (22-23) et on fait une stricte la majeure partie de la seconde période alors qu'on aurait pu passer sur un autre système pour se simplifier la vie, rester dans nos habitudes. Il valait mieux travailler cette option en prévision des JO.
On est resté très enthousiaste par rapport à ce que l'on voulait mettre en place et je pense que ça a été une rampe parfaite pour lancer notre compétition.

Celle-ci débute par 3 matchs contre des nations largement à votre portée : Grande-Bretagne, Argentine, Tunisie. Était-ce le moyen de peaufiner votre préparation ?
On a pu faire des ajustements, effectivement, face à ces équipes puisque la difficulté augmentait progressivement. Les choses sérieuses ont alors débuté avec l'Islande.

Un match en trompe-l'œil pour cette équipe de France qui va essuyer une défaite qui fera s'inquiéter public et observateurs...
Je pense que sur ce match, on a un manque d'agressivité et d'engagement parce qu'on n'a pas encore tout à fait le bon rythme. Les adversaires précédents ne nous ont

pas poussés trop loin dans nos retranchements et puis, en même temps, l'arbitrage, et ce n'est pas mon genre de trop critiquer les arbitres, a laissé place à quelques incongruités. Au final, on perd d'un but (29-30), mais ce n'est pas si grave que cela.

Cette défaite va pourtant s'avérer salvatrice...
C'est le match qu'il fallait perdre au final. Car il a déclenché chez nous un état de conscience révélant que l'on pouvait ne pas gagner les JO. Ce qui est paradoxal, c'est que, par exemple, les Islandais remportent cette rencontre, mais n'en perdent qu'une au cours des JO et se font donc sortir sur un match sec en quart de finale par la Hongrie. J'ai une image qui me reste en tête, c'est celle du coach islandais qui a traversé le terrain en courant quand son équipe nous a battus pour célébrer la victoire avec ses joueurs. Le soir, au réfectoire, tu sentais que les gars étaient fiers. C'était bien pour eux, ils avaient battu la France, champion olympique en titre. Mais au final, ce ne sont pas eux qui ont remporté la médaille d'or. Ils sont rentrés avec rien du tout dans leur pays.

Échaudés, vous vous êtes néanmoins réunis pour faire le point. Vous vous dîtes quoi à ce moment-là ?
On se dit qu'il ne faut pas retomber dans les travers du mois de janvier, tout simplement, et que ceux qui doivent prendre leurs responsabilités sur le terrain les prennent.

C'est alors la Suède qui va subir, une première fois, votre fureur...
Ce match était clairement un test et devait être une répétition pour la suite de la compétition. Il fallait que l'on joue proprement pour se rassurer et envisager une possible victoire finale. On n'a jamais eu peur pendant cette rencontre face à la Suède, on domine le match en développant notre jeu. On s'impose logiquement (29-26).

Arrive alors ce quart de finale mythique face à l'Espagne. Un match particulièrement important pour toi ?
Toujours. Quand je joue les Espagnols, avec mon passé, je ne peux pas perdre, c'est la règle.

Pourtant, ça commence très mal avec un début de match qui sent le K.-O....
Arpad Sterbik ferme sa cage d'entrée de match et on est mené 6-1. On n'arrive pas à trouver le chemin des filets, bien que l'on défende plutôt correctement. L'Espagne est carrément sur un nuage. Mais, dans les moments comme ça, il faut rester le plus tranquille possible. Il faut continuer à faire son travail, garder la tête froide, ne pas se préoccuper de la performance des attaquants, car tu sais que ça va revenir, et laisser passer l'orage. Trop d'émotions, de craintes à ce moment-là, ça aurait été fatal car tu es sûr de perdre la partie car, tant que le temps n'est pas terminé, tu peux toujours gagner.
En revanche, ce qui est sûr, c'est que tu dois être prêt à engager la guerre qui s'annonce. Car ça va être très difficile. Et ça a été la victoire la plus longue à se dessiner au cours de la compétition. On est revenu progressivement

tout au long du match, sans s'éparpiller, au point de les scotcher au cours de la 2e mi-temps sur une séquence où on leur passe un 5-0 qui leur sera fatal (de 15-17 à 20-17).

Cela coïncide avec le show offensif de William Accambray, scoreur incroyable sur cette rencontre avec 7 buts, qui vient d'ailleurs crucifier l'Espagne sur le dernier ballon. Un sacré coup de Claude Onesta que ce remplacement de Guillaume Joli par le Montpelliérain ?
Alors qu'il n'était pas sur la liste des 14, mais juste intégré au groupe comme « réserviste ». Je me revois avec lui, dans un des salons de nos appartements où il dormait, à discuter et lui demander s'il était prêt à venir nous aider. Et à chaque fois, il répondait par l'affirmative. Je ne l'avais jamais vu aussi déterminé. Il allait s'entraîner tous les jours. Très durement. Et là, il rentre sur ce match, assure avec un 7/9 aux tirs, soit quasi un tiers des buts marqués par l'équipe de France sur ce match, et devient ainsi le héros national en marquant le dernier but sur le buzzer. On gagne 23-22 à l'arrachée !

Il y a eu de l'euphorie après cette victoire et son apport à l'équipe de France, ainsi qu'une méfiance plus grande des adversaires...
William a une vitesse de bras incroyable et peut être très dangereux. Il est brutal et il peut faire péter une défense en deux secondes. Cette capacité a apporté un vrai plus et ça a fait du bien à tout le monde. Ça a été un bon coup de Claude car William a apporté de la fraîcheur. Frangin, un coup de poker parfait !

Tu t'es vu repartir en France pendant ce match ?
Non. Ma seule crainte, c'était qu'on aille en prolongation car j'étais vraiment lessivé. Pendant la soirée suivante, j'avais des crampes partout, des douleurs.

Ce match est entré tout droit dans le Panthéon des victoires fracassantes de l'équipe de France.
Sur tous les plans, c'est un de mes plus beaux matchs, si ce n'est le plus beau sur le plan international avec les Bleus. Il y a un scenario dingue et on arrive à s'en sortir miraculeusement avec ce fameux rebond qui amène le ballon dans les mains d'Accambray qui ne se pose pas de questions et fusille le gardien adverse. On a provoqué notre chance sur ce quart de finale qu'on a eu l'impression d'attendre pendant 6 mois et on l'a remporté au terme d'un combat très fatigant physiquement et psychologiquement.

Là, vous gagnez le droit d'aller vous battre pour une médaille.
Tu sais que si tu gagnes encore un match, tu vas accrocher quelque chose, mais tu as encore l'angoisse de repartir avec la médaille en chocolat.

Et c'est encore une fois la Croatie qui va tenter de vous renverser. Mais celle-ci semble plus en forme que jamais. L'enjeu est réel ?
Ça faisait longtemps que je n'avais pas vu cette équipe aussi forte. Les Croates avaient survolé leur poule, ils jouaient vraiment bien et on avait un peu peur de ce que ça allait donner sur le terrain face à eux. C'était vraiment l'équipe en forme. On se disait que ça aurait été mieux de les croiser plus tard.

Et paradoxalement, ça n'a pas été un match si compliqué que ça. On a mis une densité physique très forte dès le début, « Titi » a fait très vite beaucoup d'arrêts et on les a sentis s'éteindre progressivement. Il y avait de la peur dans leurs yeux.

Pourtant, ils auraient pu croire au même scénario que celui que vous aviez proposé à l'Espagne puisque le match partait sur des bases similaires, sauf que c'était la France qui avait le leadership.
On était bien en place et eux ne proposaient rien de très riche, ce qui fait que ça ne s'est pas passé ainsi Et je pense que, sans le vieux roublard d'Ivano Balic, ils auraient pris une différence de buts bien supérieure. On s'impose finalement 25-22.

Un peu comme à Pékin, vous retrouvez une équipe clairement à votre portée en finale, la Suède, de surcroît déjà battue en phase de poule. C'est du tout cuit ?
On savait que la victoire ne dépendait que de nous car, potentiellement, on était plus fort que les Suédois, plus expérimenté. Mais La Suède était euphorique et avait battu le champion d'Europe en titre, le Danemark, en quarts, et la Hongrie ensuite, donc il fallait se méfier. Et pendant le match, ils n'ont jamais été très loin. Toujours à 2/3 buts, voire pas loin de pouvoir passer devant sur la fin de match puisqu'on perd Nikola dans le money-time sur une exclusion de deux minutes.

Cette infériorité semble durer une éternité...
Mais on tient bon et on s'en sort, je ne sais pas comment. Luc Abalo prend la responsabilité du dernier tir qui nous délivre. Il marque sur un coup de pate qui nous offre cette nouvelle médaille d'or olympique. On gagne 22-21. Et c'est une libération, un poids énorme qui s'envole, même si on explose d'une joie un peu contrôlée car on savait qu'il y avait la place.

Gagner face aux coachs suédois Staffan Olsson et Ola Lindgren, qui firent tant de mal aux Français lorsqu'ils étaient joueurs, était d'autant plus satisfaisant ?
On leur devait bien ça au regard de leurs états de service !

Sur le podium, vous vous êtes faits un petit plaisir en parodiant Usain Bolt.
On avait envie de marquer le coup et de s'amuser un peu. Et comme ce qu'on venait de faire n'avait jamais été fait avant, on s'est permis une petite parodie !

Tu retiens quoi de cette compétition ?
Beaucoup de choses, à commencer par la cérémonie d'ouverture qui était vraiment grandiose. C'était mes quatrièmes et derniers JO, mais seulement la deuxième fois que j'allais dans le stade pour ce moment. Mais celle-là, je ne voulais pas la rater même si je suis rentré complètement fatigué puisqu'on reste très longtemps debout.
Ce qui m'a fait très plaisir aussi, c'est d'avoir ma femme près de moi, lors des demi-finales jusqu'à la fin de la compétition. Ça a été un très fort soutien, d'autant qu'elle m'avait ramené un dessin émouvant de mon fils.

Et comme ma carrière internationale se termine progressivement, c'est bien de se sentir entouré. D'avoir des attentions tendres. Mon porte-bonheur, c'est Lucia, ma femme, qui me suit depuis 2006 à toutes mes compétitions, mais qui n'avait pas pu venir à Pékin. C'est pour cela que j'avais besoin plus que jamais de son soutien pour mes derniers JO.

Et l'ambiance londonienne ?
Au niveau du public, ça a été vraiment génial. Pour les matchs, il y avait toujours du monde et vraiment beaucoup de Français. On avait l'impression d'être à Bercy. Un peu comme si les JO avaient vraiment été organisés à Paris !

Sportivement, il y a la victoire et aussi de belles promesses pour l'avenir des Bleus...
L'éclosion de certains joueurs et la confirmation d'autres au sein de cette équipe permettent une certaine passation de pouvoir. Cette équipe a encore de l'avenir si elle conserve les valeurs qui ont fait ses succès.

On se trompe en pensant que Cédric Sorhaindo fait partie des satisfactions qui te font particulièrement plaisir ?
Cédric Sorhaindo, c'est un joueur que j'aime beaucoup. On a beaucoup de valeurs communes comme la persévérance, cette volonté d'aller plus loin dans la performance. Et c'est quelqu'un qui a beaucoup progressé ces dernières années et qui a proposé à Londres un tournoi olympique d'une très grande qualité. Il a cette capacité d'écoute quand on lui donne des conseils, ce qui est assez rare. En plus, c'est une personne très humble. Et qui a une très grosse volonté de travailler. Il a su faire sa place au

FC Barcelone et, maintenant, c'est un titulaire avéré en équipe de France. Et aussi un leader sur le terrain. À un moment donné, contre les Croates en demi-finale, c'est Cédric qui m'a dirigé sur certaines défenses car il avait en tête des idées précises et, comme il était parfaitement décidé, j'étais à ses ordres. Ça montre l'impact qu'il peut avoir aujourd'hui car il est capable de défendre de manière très précise et de créer beaucoup de brèches. Il a cette capacité à rompre les positions adverses qui est précieuse pour toute l'équipe. Il libère beaucoup d'espaces pour ses arrières. Et quand c'est lui qui se retrouve en position de shooter, il gâche très peu.

Après avoir remporté ces JO, l'échec de l'Euro 2012 semble bien loin. Il fallait peut-être le perdre cet Euro ?
Je pense sincèrement qu'il était préférable de le perdre et de gagner les JO plutôt que l'inverse. Après, si on avait gagné les deux, on aurait pris aussi, mais gagner de nouveau les JO, c'était vraiment exceptionnel et on l'a fait car on a su se parler quand il le fallait.

Autour de cette nouvelle conquête, il y a eu un engouement massif et encore plus à votre retour avec ce défilé à travers Paris. Tu as vécu ça comment ?
Déjà, sur place, il y avait beaucoup de supporters français et beaucoup de sportifs qui sont venus nous soutenir, comme à Pékin. Et au retour, c'était incroyable cette foule qui nous attendait. Ce fut un très grand moment de bonheur et de partage. Il y a eu une communion avec le public. Et même si les gens étaient là pour tous les athlètes,

tu sens que le handball est passé dans une autre dimension. Qu'il n'est plus un petit sport. On a vraiment savouré avec toute l'équipe cette célébration, même si la fatigue de la fête du titre était bien présente

LA PETITE
MORT

Cette campagne des JO signifie la fin de la génération qui a débarqué en 1996/1997 ?
C'est plus la fin que le début et tout dépendra des décisions de chacun. Moi, je souhaite encore poursuivre jusqu'au Mondial 2013 en Espagne, mais vouloir et pouvoir sont deux verbes différents.

Tu as une angoisse concernant le moment où tu devras arrêter. Que ce soit avec les Bleus ou en club ?
Non. Mais c'est sûr que ça va faire mal. Quand tu es sportif de haut niveau, tu sais que la compétition va te manquer. Tu veux toujours jouer. Mais il faut se préparer car tu sais que tu ne seras pas éternel. Pour moi, le pire serait de me retrouver dépassé sur un terrain et d'être incapable de retrouver mon meilleur niveau. De courir après celui que j'ai été. Pour ce qui est de l'équipe de France, j'y ai songé, mais je n'ai pris aucune décision. Je vais m'autoriser un peu de recul et rencontrer Claude Onesta. Nous déciderons ensemble. Vous savez, c'est dur de devoir se faire à l'idée de quitter un groupe aussi soudé, aussi humble. En aurai-je la force ?

Tu t'es déjà dit que tu étais hors du coup ?
Non, pas encore. Je sais que je peux encore jouer. Mais je ne veux pas faire une saison sans. C'est pour cela que je pense que ma saison à Paris sera la dernière. Je ne veux pas finir comme une épave en mille morceaux. On m'a proposé de gros contrats que j'aurais pu accepter pour plusieurs saisons, mais je ne me voyais pas me gérer. Je préfère refaire une saison en me donnant à fond et prendre ma retraite sportive ensuite.

Tu es juste derrière Jackson Richardson en nombre de sélections. 417 pour lui et 368 pour toi. Tu vas devoir lui laisser ce record-là en équipe de France...

Je n'y arriverai pas, c'est sûr. Le record est trop loin et je n'ai plus assez de matchs devant moi pour le rattraper. Il en a fait des matchs, Jack, avec cette équipe. À l'époque, il y avait des stages nationaux qui duraient bien plus longtemps qu'aujourd'hui car on a des calendriers hyper chargés avec les Championnats, les différentes Coupes. Parfois, tu enchaînais des dizaines de matchs en un stage. Nous, c'est plus « light » d'autant plus quand tu es qualifié directement pour les prochaines compétitions. Et puis, si tu n'as pas un gros objectif devant toi, c'est assez dur de continuer. Pour moi, le truc le plus beau, ce sont les Jeux olympiques. Et Rio, c'est beaucoup trop loin.

Tu vois qui comme successeur à ton poste ?

Je n'ai pas à me prononcer là-dessus, car c'est un poste très délicat et je ne sais pas si dans l'avenir, il y aura des joueurs qui ne feront que la défense. Je pense que ça peut perdurer même si, depuis mes débuts, on a toujours essayé de me faire disparaître car les joueurs actuels ont assimilé le mode de fonctionnement.

C'est possible d'être un très bon défenseur et de combiner aussi en attaque ?

À une époque, on a essayé de me fixer au pivot car j'attrapais bien les ballons. Mais ça n'a pas fonctionné. Je n'arrivais pas à avoir le même rendement et je suis resté fixé sur la défense. Et ce n'est pas plus mal car je ne serai sûrement pas devenu le Didier Dinart d'aujourd'hui si j'avais fait les deux, car c'est vraiment très dur physiquement. Parfois, Nikola Karabatic fait attaque/défense à Montpellier, voire en équipe de France, tout un match durant, et il me dit que c'est impossible de tout bien faire car tu es vraiment trop sollicité. Guéric Kervadec, lui, le faisait à l'époque et j'ai toujours été admiratif de ça car il avait une sacrée condition.

Alors que tu as été le meilleur défenseur mondial ces dernières saisons, tu n'as jamais été élu meilleur joueur de l'année alors qu'il y a eu d'autres Français au palmarès comme Nikola Karabatic, Stéphane Stoecklin, Jackson Richardson, Thierry Omeyer ou encore Bertrand Gille. C'est une frustration ?
La défense n'intéresse pas l'IHF (Fédération Internationale de handball) et les attributions des distinctions sont quand même très politisées en général. Il y a parfois des relations entre les sponsors, la fédération du pays organisateur d'une compétition. Et sur les postes les plus obscurs, les moins décryptables, tu as des arrangements pour l'image. Mais, ce qui m'importe, c'est la reconnaissance de mes pairs. Quand tu as d'anciens joueurs qui viennent te féliciter, des entraîneurs qui disent apprécier ton travail, c'est ça le plus important.

Tu vas donc jouer avec Paris qui a vu le Qatar investir massivement pour construire une grosse équipe. Pour toi qui pensais finir ta carrière en Espagne, c'est un sacré revirement, d'autant que Ciudad Real, devenu l'Atlético de Madrid, marche un peu moins bien ?
Je me suis toujours retrouvé dans les bons coups, à Montpellier, puis Ciudad et maintenant Paris. On peut dire que j'ai le nez pour ça ! Et je vais pouvoir continuer à jouer avec une véritable ambition sportive car le Qatar veut bâtir un vrai beau projet. C'est quand même bien de finir sa carrière à la maison, comme ça. Aujourd'hui, c'est vraiment difficile d'exister sans un budget conséquent. On est dans une bataille économique pour faire venir les meilleurs dans les clubs. Si tu n'es pas armé, c'est difficile d'exister. Ça devient vraiment difficile, voire impossible, de faire des coups.
Quand Ciudad Real a commencé à gagner ses titres, c'est avant tout car il y avait des fonds qui permettaient de faire venir des joueurs de qualité. Et aujourd'hui, si l'équipe va moins bien, c'est aussi à cause de l'aspect financier. Quand tu n'as plus les moyens d'avoir dans tes rangs les meilleurs joueurs, ça devient difficile de lutter. C'est la loi du marché.

Ça gagne quoi un bon joueur de handball en France ?
Quand je suis parti de Montpellier, quand tu étais à 6 000/7 000 €, tu pouvais être content. Aujourd'hui, les salaires ont quasiment doublé pour un bon joueur du Championnat de France. Ce qui est logique vu l'évolution de la discipline ces dernières années. À l'étranger,

tu as des salaires bien plus élevés qui peuvent approcher les 30 000 € pour certaines stars. Après, tout dépend de la rareté et du talent du joueur. Et ce qui est rare est cher, comme on dit !
Quand tu regardes en arrière et que tu vois que les stars du Championnat de France, il y a 20 ans, ne gagnaient pas plus de 10 000 francs, je pense qu'on peut s'estimer heureux.

À Paris, tu vas retrouver Luc Abalo, ton ancien partenaire à Ciudad Real et l'Atlético Madrid. Quelles relations as-tu avec lui ?
C'est quelqu'un de très doué. Capable de m'impressionner très souvent quand il joue car il n'est pas fait comme tout le monde. Et je le considère aussi comme un petit frère. Quand il est arrivé à Ciudad Real, je l'ai beaucoup aidé dans ses démarches administratives puisque je connaissais le système depuis un moment. J'ai appris à le connaître un peu mieux à ce moment-là. C'est quelqu'un de très sensible, qui a eu un parcours pas toujours facile dans la vie. Et je me reconnais un peu en lui sur certains points. On est devenu très lié, à tel point qu'il m'a déjà fait l'honneur de me peindre puisque c'est aussi un artiste qui n'hésite pas à prendre ses pinceaux.

À Paris, ce sera ta dernière saison. Tu vois les choses comment ?
Je vais me donner à fond pour terminer sur la meilleure note possible avec ce club. Je vais ranger ma médaille des JO et me remettre très vite au travail pour que l'on garde l'image du joueur que j'ai été pendant toute ma carrière. Quelqu'un qui ne lâche rien et qui va au bout de lui-même.

Tu souhaites devenir entraîneur après ta carrière. Quelle est ta vision du métier ?
Elle est celle de quelqu'un qui doit apporter des réponses et mettre en place des stratégies, comme je l'ai déjà dit. Mais surtout, il faut un agrégat de connaissances pour faire un bon staff. Ce que je n'apprécie pas aujourd'hui dans le handball, c'est que beaucoup d'entraîneurs prennent des adjoints qui ne jouent pas un vrai rôle. Au lieu d'enrichir le staff avec quelqu'un qui va pouvoir proposer des choses, qui a des compétences, tu te retrouves avec des gars qui sont seulement des seconds. Des gars qui passent le message du coach en chef et rien d'autre. Alors qu'il faut quelqu'un qui a la même autorité face au groupe par ses compétences, qui va pouvoir travailler dans la continuité, mais qui va avoir aussi ses spécificités qui vont donner un plus à l'équipe. Le côté prendre un entraîneur adjoint juste pour avoir un sbire, ce n'est pas la meilleure façon de fonctionner.
À Ciudad Real/Atletico Madrid, dès que j'avais besoin d'un conseil technique, je le demandais à Raúl, et pas à Talant. Car Raúl est plus fort techniquement que Talant, alors que Talant est l'entraîneur n° 1. Ils se connaissent, ils se respectent et fonctionnent parfaitement en binôme. Si demain ils n'entraînaient plus en Espagne, ils iraient ensemble ailleurs.

Ça manque dans le paysage français des techniciens spécialistes qui savent clairement ce qu'il faut faire, qui fonctionnent comme ça ?
Quand j'en reparle avec Alain Quintallet, et en regardant mon parcours, j'ai l'impression, notamment en défense, qu'on est plus sur un travail du joueur en lui-même et

des actions qu'il doit mettre en place que sur l'action de chacun dans le collectif et dans le mouvement défensif. On manque de liant. Le handball évolue et les coachs vont évoluer aussi.

Le handball pro est une discipline jeune au final…
Cette discipline arrive à maturité. Et tu te rends compte que, plus ça va, plus il faut être précis. Et ce sont finalement les équipes les plus précises techniquement qui arrivent à faire la différence dans les moments importants. Et si tu n'es pas au point là-dessus, il n'y a que le physique qui peut te rattraper. Comme Barcelone a pu le faire lors de la saison 2010-2011. Ils ont été plus forts physiquement, et pas forcément tactiquement ou techniquement, car ils avaient des brutes sur chaque poste et qu'au final, ça épuise leurs adversaires.

Il y a une évolution nécessaire dans le hand, en terme de management ?
À tous les niveaux. En club comme en sélection. Daniel Costantini a réussi de grandes choses seul, et Claude Onesta en a réussi d'autres avec un staff élargi. Les deux méthodes sont valables.

Tu te sens plus proche du fonctionnement du second que du premier ?
Pour moi, l'avenir du handball, c'est d'avoir un staff le plus étoffé possible avec un maximum de compétences. Ce que fait l'équipe de France de handball aujourd'hui est adapté et devient de plus en plus copié par les plus grands clubs aujourd'hui. Tu as besoin de l'analyste vidéo, du préparateur physique, des médecins, etc.

Un préparateur physique et un médecin, dans leurs analyses, vont par exemple pouvoir donner des indications sur la masse de travail que les joueurs vont pouvoir encaisser. Un entraîneur classique n'a pas forcément ces indications-là quand il est seul face à son groupe. Il compose, il tâtonne. Et son travail sera moins qualitatif que s'il était entouré.

Avoir ton diplôme d'entraîneur, c'était une nécessité pour toi ?
Le plus important dans la vie, c'est de s'accrocher et de réussir à faire des choses. Car même si je n'ai pas suivi mes études à fond dès le début, car le sport prenait toute mon énergie, j'ai continué à me former en étant adulte, en parallèle de ma carrière. Et ce n'est pas forcément le cas pour tout le monde. J'ai passé mes diplômes d'entraîneur pour pouvoir un jour prendre un banc. J'ai rattrapé le temps. Et c'est drôle parce qu'au début, je n'étais pas trop intéressé quand j'ai commencé cette formation, mais comme la Fédération Française de Handball, qui souhaite aider ses sportifs, mettait cette formation à disposition, j'y suis allé. J'ai commencé après les JO d'Athènes et j'ai fait ça progressivement. J'avais des blocs de cours à apprendre et, ensuite, j'avais des devoirs à faire que je devais envoyer. Ensuite, j'ai eu des épreuves à passer à Metz et à la Toussuire, juste avant les JO de Pékin.

Tu as donc ton diplôme et tu théorises aussi ton boulot de défenseur en écrivant sur ce domaine. Pourquoi ?
Parce que je pense que ce savoir doit être compulsé. Je réfléchis à tout ça, j'essaye de théoriser sur le jeu, c'est

vraiment intéressant à faire. J'écris depuis 3 ans et ça me passionne. J'essaye de chercher en me prenant comme cobaye. Ce qui ne marche pas quand je le fais, je cherche à comprendre pourquoi. Même chose quand les choses fonctionnent. Pour moi, la défense est un vrai art dans lequel on retrouve des tactiques qu'il faut savoir adapter aux adversaires. On ne fait jamais exactement la même chose.

Notre entretien touche à sa fin. Qu'est-ce que tu voudrais que l'on retienne de toi ?
Que j'étais un gamin décidé et que j'ai toujours poursuivi mes rêves, en particulier celui de porter un jour le maillot des Bleus. Ma vie n'a pas toujours été facile, mais je voulais absolument devenir quelqu'un, faire quelque chose de grand. Ça a été long car je n'avais pas toutes les clés, mais aujourd'hui je suis heureux de mon parcours. L'aventure n'est pas encore terminée, il faut continuer à se battre, à croire en soi et rester positif !

London 2012

London 2012

FICHE TECHNIQUE

Didier Dinart
Né le 18 janvier 1977 à Pointe-à-Pitre en Guadeloupe.

Clubs :

1991-1993 : Guadeloupe Université Club
1993-1996 : Dijon Bourgogne HB
1996-2003 : Montpellier HB
2003-2012 : BM Ciudad Real/BM Atlético de Madrid
Depuis septembre 2012 : PSG Handball

Équipe de France :

Nombre de sélections : 368
Nombre de buts : 160

Palmarès Clubs :

5 Championnats de France (1998, 1999, 2000, 2002 et 2003 avec Montpellier HB)
5 Coupes de France (1999, 2000, 2001, 2002 et 2003 avec Montpellier HB)
5 Championnats d'Espagne (2004, 2007, 2008, 2009 et 2010 avec Ciudad Real)
4 Super Coupes d'Espagne (2004, 2007, 2010 avec Ciudad Real et 2011 avec l'Atlético Madrid)
6 Coupes ASOBAL (2003, 2004, 2005, 2006, 2007 avec Ciudad Real et 2011 avec l'Atlético Madrid)
3 Coupes du Roi (2004, 2008 avec Ciudad Real et 2012 avec l'Atlético Madrid)
4 Ligues des champions (2003 avec Montpellier HB, 2006, 2008 et 2009 avec Ciudad Real)
3 Super Coupes d'Europe (2006, 2007 et 2009 avec Ciudad Real)

2 Coupes du monde des clubs de handball « Super Globe » (2007 et 2010 avec Ciudad Real)

Palmarès équipe de France :

Champion olympique (2008 et 2012).
Champion du monde (2001, 2009, 2011).
Champion d'Europe (2006 et 2010).
Championnat du monde Espoirs 1997 : médaille de bronze
Championnat du monde 2003 : médaille de bronze
Championnat du monde 2005 : médaille de bronze
Championnat d'Europe 2008 : médaille de bronze
Jeux Méditerranéens 2001 : médaille de bronze

Décorations personnelles :

Chevalier de l'Ordre National du Mérite
Chevalier de la Légion d'honneur

TABLE DES MATIÈRES

Photos :
© Hand Action / Molliere / Icon Sport
© Dave Winter / Icon Sport
© Stéphane Pillaud / Sportissimo / Icon Sport
© Jean Catuffe / Icon Sport

Couverture :
© Sportissimo / Stéphane Pillaud